KONTEMPLATION MIT PHILOSOPHEN DER ANTIKE

Loyev Books

KONTEMPLATION MIT PHILOSOPHEN DER ANTIKE

Ein Zugang zu Denkern vergangener Zeiten mit
der Methode "Deep Philosophy"

von

Ran Lahav

Gestaltung und Zeichnungen von Karin Fechner

Übersetzt aus dem Englischen von Karin Fechner

Loyev Books

Hardwick, Vermont, USA

https://dphilo.org/books

Gestaltung und Zeichnungen von Karin Fechner

Übersetzt aus dem Englischen von Karin Fechner

Titel der Originalausgabe in Englisch: *Contemplating with ancient philosophers* (2023)

Text Copyright @ 2023 von Ran Lahav

Zeichnungen Copyright @ 2023 von Karin Fechner

Alle Rechte vorbehalten

ISBN-13: 978-1-947515-22-2

Loyev Books

1165 Hopkins Hill Rd., Hardwick, Vermont 05843, USA

https://dphilo.org/books

Inhalt

Vorwort: Im Dialog mit Philosophen der Antike ... 1

Teil A: DIE VORSOKRATIKER ... 4

Kapitel 1: Die Milesischen Philosophen - Theorien ... 5

Kapitel 2: Heraklit - Alles fließt ... 15

Kapitel 3: Parmenides - Sein ist Eins ... 23

Kapitel 4: Empedokles - Liebe versus Streit ... 31

Kapitel 5: Anaxagoras - Der Welt-Geist ... 40

Kapitel 6: Demokrit – Alles besteht aus Atomen ... 49

Kapitel 7: Die Sophisten - Wahrheit ist relativ ... 57

Teil B: DIE ATHENENER PHILOSOPHEN ... 65

Kapitel 8: Sokrates – Der Seele mehr Achtsamkeit ... 66

Kapitel 9: Platon - Die Leiter der Liebe ... 74

Kapitel 10: Aristoteles – Gedeihen ... 84

Teil C: DIE HELLENISTISCHEN PHILOSOPHEN ... 92

Kapitel 11: Epikur - Wahre und falsche Bedürfnisse ... 93

Kapitel 12: Die Stoiker - Mein wahres Selbst ... 101

Kapitel 13: Der Neuplatonismus - Das Göttliche in mir ... 110

Kapitel 14: Die Skeptiker - Kann ich je sicher sein? ... 119

VERZEICHNIS DER FUSSNOTEN ... 128

Loyev Books

VORWORT

Im Dialog mit Philosophen der Antike

Das Thema dieses Buches ist die antike westliche Philosophie, dennoch handelt es sich nicht um ein gewöhnliches Geschichtsbuch. Sein Hauptanliegen besteht nicht darin, Werke von Philosophen der Antike zusammenzufassen, sondern den Leser zu ermuntern, mit den Ideen dieser Philosophen auf persönliche und kreative Weise „in Resonanz" zu treten.

„In Resonanz treten" mit einem philosophischen Text meint einen persönlichen Dialog, ähnlich dem zwischen Saxophon und Trompete in einer improvisierten Jazz-Session, deren Instrumente nicht über die Musik des anderen diskutieren, sondern Seite an Seite spielen. Sie reagieren aufeinander, ergänzen sich gegenseitig und erschaffen gemeinsam ein neues Musikstück. In ähnlicher Weise sind die Leser dieses Buches eingeladen, mit den Philosophen der Antike „mitzuspielen" und ihre eigene philosophische Musik zu schaffen.

Um mit einem bestimmten Philosophen in Resonanz treten zu können, müssen wir natürlich erst einmal verstehen, was dieser Philosoph geschrieben hat. Auch der Saxophonist muss zuhören, wenn die Trompete spielt, um angemessen mitschwingen zu können. Aus diesem Grund besteht jedes Kapitel dieses Buches aus zwei Teilen: Der erste gibt eine Kurzdarstellung eines ausgewählten Konzeptes des betreffenden Philosophen und der zweite Teil legt Vorschläge dar, wie man mit diesem Ansatz in Resonanz treten kann.

Wenn wir mit dem Gedankengut der Philosophen der Antike in Resonanz treten, so sind es die grundlegenden Fragen zu Leben und Wirklichkeit, mit denen wir uns auseinandersetzen, dem Kernthema der Philosophie. Die Geschichte der Philosophie bietet eine Vielzahl von Ansätzen, die sich im Laufe der Jahrhunderte auf komplexe Weise entwickelt haben, aber soweit sie philosophisch sind, widmen sie sich alle etwas Ähnlichem: einer systematischen Diskussion über allgemeine, grundlegende Fragen zur Existenz und versuchen, sie durch die Entwicklung allgemeiner Theorien anzugehen.

In diesem Buch werden wir uns auf ausgewählte Denker der antiken Philosophie konzentrieren. Entsprechend gängiger Definition umfasst die Philosophie der Antike im westlichen Teil dieser Welt die historische Auseinandersetzung, die vor mehr als 25 Jahrhunderten begann. Vom 6. Jahrhundert v.Chr. im antiken Griechenland dauerte sie über tausend Jahre, bis zum Untergang des Römischen Reiches und dem Aufstieg des Christentums im fünften Jahrhundert n.Chr. Wie wir sehen werden, sind die Themen, mit denen sich die Denker der Antike auseinandersetzten, auch heute noch relevant für uns.

Dieses Buch hat interaktiven Charakter in seiner Darstellung von vierzehn einflussreichen Philosophien der Antike und bietet eine praktische Anleitung zur Kontemplation mit eben diesen tiefen Einsichten, die sie uns übermitteln. Die Philosophien der Antike werden nicht nur als Theorien der Vergangenheit betrachtet, sondern als Beginn einer eigenen Auseinandersetzung und Erfahrung durch den Leser.

Die hier vorgestellten kontemplativen Übungen wurden entwickelt im Rahmen der Gruppenaktivität von Deep Philosophy auf internationaler Ebene. Es handelt sich hier um eine Methode, die sich mit der Reflektion von Lebensfragen aus philosophischer Sicht aus der inneren Tiefe und tiefem Verständnis heraus befasst.

Sie können mehr über diesen Ansatz auf der DPhilo-Website: https://dphilo.org/ erfahren.

TEIL A

DIE VORSOKRATIKER

Die westliche Philosophie entstand im 6. Jahrhundert v. Chr. in der antiken griechischen Welt. Es war der erste bekannte systematische Versuch der westlichen Welt, die Erde, das Universum in Form von allgemeingültigen Gesetzmäßigkeiten zu begreifen und in Theorien zu beschreiben.

Die ersten griechischen Philosophen entwickelten Theorien über die Welt der Natur, über die Gesetze, die das Universum beherrschen, über die menschliche Natur und ethisches Verhalten. Binnen zwei Jahrhunderten erschienen die größten antiken Philosophen der westlichen Geschichte auf der Bildfläche: Sokrates (5. Jahrhundert v. Chr.), sein Schüler Platon (5.-4. Jahrhundert v. Chr.) und Platons Schüler Aristoteles (4. Jahrhundert v. Chr.). Der Einfluss dieser drei Denker auf die nachfolgende Philosophie war tiefgreifend und man muss sie als wichtige Säulen des westlichen Denkens betrachten. Die Denker, die vor ihnen philosophierten, werden gemeinhin als Vorsokratiker bezeichnet.

Viele Vorsokratiker schrieben Bücher, die leider für uns verloren gegangen sind. Was uns heute bleibt, sind nur fragmentierte Schriften, Zitate späterer Philosophen der Antike, die auf diesen Schriften fußen.

Kapitel 1

DIE MILESER PHILOSOPHEN – THEORIEN

Einführung

Von den uns bekannten ersten Philosophen der westlichen Welt wissen wir, dass sie im 6. Jahrhundert v.Chr. in der Stadt Milet lebten, die an der Westküste der heutigen Türkei liegt. So waren es die ersten drei milesischen Denker Thales, Anaximander und Anaximenes, die mit einem neuen, innovativen und intellektuellen Themenbereich aufwarteten: die Welt der Natur anhand einer kleinen Anzahl universeller Prinzipien zu erklären. Zuvor war es üblich, Naturphänomene durch Götter, Geister oder andere übernatürliche Wesen zu erklären, von denen man annahm, dass sie die Ereignisse in der Welt nach ihrem Willen steuerten. Warum zum Beispiel gibt es Regen auf der Erde? Ein prä-philosophischer Geist würde vielleicht antworten, dass der Regengott will, dass die Pflanzen wachsen und die Tiere gedeihen. Vor diesem Hintergrund war die Idee allgemeiner, universell für alles Geltende, nicht personenbezogener Prinzipien, revolutionär.

Die Milesischen Denker interessierten sich besonders dafür, wie sich die Welt der Natur zusammensetzte. Dabei verwendeten sie die verschiedensten Betrachtungsmöglichkeiten zur Bestimmung des elementaren Stoffes, aus dem alles besteht: Alles ist aus Wasser (Thales), aus einer unbestimmten Substanz (Anaximander) oder aus Luft (Anaximenes).

Heute wissen wir, dass diese frühen Theorien falsch sind (Sand zum Beispiel besteht nicht aus Wasser) und dennoch stellen sie eine neue Methode des Denkens dar. In mehrfacher Hinsicht haben diese frühen Philosophen einen entscheidenden Schritt in Richtung philosophisch-wissenschaftlichen Denkens getan: Sie entwickelten allgemeingültige Theorien über die Welt; sie unterschieden zwischen der Art und Weise, wie die Welt erscheint und ihrer verborgenen ihr zugrunde liegenden Struktur; sie erklärten alle Erfahrungsobjekte anhand einiger weniger Grundprinzipien; sie vertraten die These, dass jegliche Materie aus Grundbausteinen besteht; und sie erkannten die Kraft des verstandesmäßigen Denkens bei der Entwicklung eines systematischen Verständnisses von Realität.

Reflektion: Wie können wir unsere Welt verstehen?

Konzentrieren wir uns bei unserer Begegnung mit den ersten Philosophen auf den Begriff des Verstehens. Dies ist ein wichtiges Thema in unserem Leben - wir alle versuchen, uns selbst und unsere Welt zu verstehen und dies beschäftigte auch die ersten Philosophen.

Stellen wir uns vor, wir lebten irgendwo im Mittelmeerraum vor 2700 Jahren, kurz vor der Geburt der Philosophie der westlichen Welt. Als aufmerksame und umsichtige Menschen staunen wir über den Reichtum der

Welt um uns herum, über ihre Vielfalt an Lebewesen und Dingen, ihre zahlreiche Gestalt, Farben und Klänge in unendlich vielen Spielarten. Wir fragen uns: Woher rühren all diese kosmischen Wunder?

Es bieten sich uns mehrere Möglichkeiten. Wir könnten zum Beispiel der Natur mit Tanz und Musik huldigen. Oder wir könnten zu der Erkenntnis kommen, dass eine göttliche Macht hinter dem Naturgeschehen stehen muss und sie um Schutz bitten. Oder wir könnten uns von der Schönheit der Natur künstlerisch inspirieren lassen und schöne Gedichte und Bilder verfassen. Wir könnten auch still meditieren und mit dem Universum eins werden.

Doch die ersten Philosophen der westlichen Welt vor sechsundzwanzig Jahrhunderten, wählten einen anderen, intellektuellen Ansatz. Es ging ihnen nicht nur darum, unbekannte Mächte zu feiern oder sie zu manipulieren, sondern vor allem die Natur als Ganzes zu verstehen - nicht nur das eine oder andere Detail. Sie bedeuten uns, einen Schritt zurückzutreten und mit Abstand und Verstand nachzudenken: Warum ist die Welt so, wie sie ist?

Und wenn wir Ihnen Folge leisten, bewegen wir uns im Bereich der rationalen Erklärung.

Aber welche Art von rationaler Erklärung könnte uns zufriedenstellen auf der Suche nach dem Verstehen der Welt der Natur? Sollten wir sie begreifen als ein Produkt nach dem Willen der Götter? Oder als Schlachtfeld des Kampfes der Mächte von Gut und Böse? Oder als kosmischer Organismus, der wächst und sich im Laufe der Geschichte auf ein Ziel hin entwickelt – dem Ziel der Vollkommenheit zum Beispiel?

Die Antwort der Mileser: Theorien

Die ersten Philosophen der westlichen Welt wählten eine andere Grundsatztheorie: Vergessen wir Mythen und Legenden und versuchen wir, die Welt in Begriffen von allgemeingültigen Grundsätzen zu begreifen. Dies sollen objektive, auf alles anwendbare Gesetze sein, die keinen Spielraum lassen für Launen übernatürlicher Mächte.

Und damit sind wir im Bereich des philosophisch-wissenschaftlichen Verstehens. Durch die Anwendung objektiver Prinzipien können wir eine allgemeingültige Theorie in Bezug auf die Natur aufbauen. Thales zum Beispiel, der erste Philosoph, stellte die Theorie auf, dass alles aus Wasser bestehe. Wasser, so meinte er, sei die Grundsubstanz, die sich von Eis in Flüssigwasser verwandelt und von Wasser zu Dampf – und sich durch Ausdehnung in alles andere in der Natur verwandeln könne. Anaximander vertrat eine andere Theorie. Er argumentierte, dass der Grundstoff aus dem die Welt bestehe, kein bestimmtes sichtbares Material wie Wasser sein könne, sondern eine unbestimmte Substanz sein müsse, die keine bestimmte Eigenschaft besitzt. Der dritte Philosoph, Anaximenes, vertrat die Theorie, dass alles aus Luft bestehe, vielleicht weil Luft den Lebewesen, die Luft atmen, Leben verleiht.

Wir denken nun in der Begriffswelt philosophischer Realitätstheorien. Viele Jahrhunderte später, nach der Geburt der modernen Wissenschaft, werden wir hören, dass alles aus Atomen oder Elektronen oder Quarks besteht - aber in vielerlei Hinsicht wird der Grundgedanke derselbe bleiben.

Einige **Schlüsselbegriffe** zum Nachdenken:

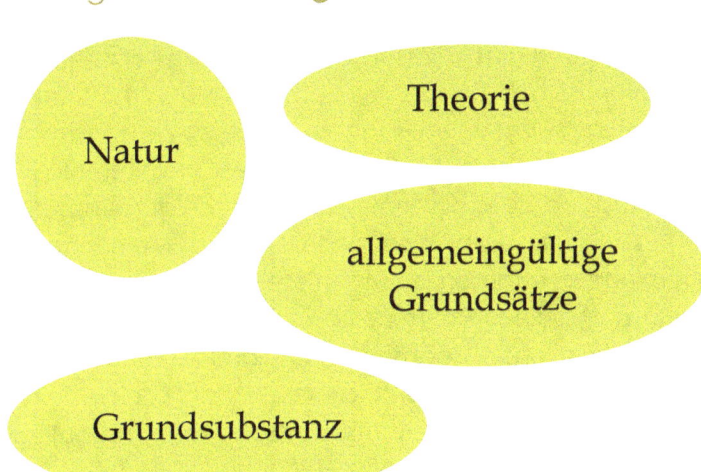

Natur

Theorie

allgemeingültige Grundsätze

Grundsubstanz

Kontemplation

Nach diesem kurzen Einblick in die Ideen der milesischen Denker wollen wir in einen persönlichen Dialog mit ihnen treten. Das bedeutet, dass sich unser Augenmerk verschiebt, weg vom Versuch zu verstehen was sie sagten, hin zum Versuch unsere eigenen Einsichten als Antwort auf ihre Aussagen zu entwickeln.

Zu diesem Zweck werden wir eine kontemplativ betrachtende Haltung einnehmen. Mit „kontemplativ" meinen wir gedanklich tief in uns zu gehen auf der Suche nach neuen Einsichten, als Entgegnung zu abstraktem verstandesmäßigem Analysieren und vorgefertigter Meinungen zu erliegen. Beim kontemplativen Denken hören wir nach innen und lassen Ideen in uns aufkeimen. Das Ergebnis kann ein reiches neues Verständnis sein, oft begleitet von einem Gefühl des Staunens, innerer Stille und Wertschätzung.

Die Kontemplation ist der Meditation insofern ähnlich, als dass sie einen besonders aufmerksamen Geisteszustand erfordert. Aber im Gegensatz zu vielen Formen der Meditation ist das Ziel der Kontemplation nicht die innere Stille um ihrer selbst willen, sondern ein tiefes Verständnis von Ideen. Es ist nicht leicht, einen kontemplativen Geisteszustand zu erreichen. Unser Geist neigt automatisch dazu, zu analysieren, zu beurteilen und Meinungen zu äußern und es erfordert Übung, diese Tendenzen beiseite zu schieben und einen Raum des inneren Zuhörens zu öffnen.

Wir werden nachfolgend drei Formen der philosophischen Kontemplation praktizieren: Text-Kontemplation, visuelle Kontemplation und thematische Kontemplation.

1. Text- Kontemplation

Es folgen einige der wenigen Fragmente, die uns aus den Schriften von Anaximander erhalten sind. Hier stellt er seine ehrgeizige Theorie vor: Alles in der Natur ist aus demselben Grundstoff erschaffen, nämlich dem Apeiron, was im Griechischen das Unbegrenzte oder Unbestimmte bedeutet. Es ist ein unbestimmter Stoff in dem Sinne, dass er weder blau noch gelb, weder hart noch weich, weder schwer noch leicht ist, sondern vielmehr ohne jegliche Eigenschaften.

Bei der Lektüre dieser Auszüge sollten wir uns die heute so weit verbreitete, aber damals so innovative Idee verinnerlichen, dass uns theoretisches Denken Zugang zur verborgenen Struktur der Welt verschaffen kann. Theorien können die Welt ganz anders skizzieren, als wir sie mit unseren Sinnen wahrnehmen. Denken wir an die vertrauten Dinge um uns herum - Bäume und Steine, Stühle und Häuser, aber auch die Körper unserer Freunde und unseren eigenen Körper - und versuchen wir, uns diese als Teilchen nicht näher bestimmbarer Materie vorzustellen, wie Anaximander sagt. Oder vielleicht als winzige Atomanhäufungen, wie uns die modernen wissenschaftlichen Theorien vermitteln. Die Welt ist auf einmal nicht mehr so, wie wir sie uns vorgestellt haben!

Was bewirkt diese Art von theoretischem Denken in uns? Wie verändert es unsere Einstellung zur Welt um uns herum, zu mir selbst und zu anderen?

Denken wir über diese Fragen nach, während wir Anaximanders Text in Ruhe und langsam lesen, auf dessen Worte und Bildsprache achten und sie in unseren Gedanken sprechen lassen. Wir können den Text auf diese Weise auch mehrmals lesen und dabei den Fluss der Ideen in uns beobachten.[1]

> **1.** *Anfang der Dinge ist das Unendliche. Woraus aber Ihnen die Geburt ist, dahin geht auch ihr Sterben nach dem Schicksal. Denn sie zahlen einander Strafe und Busse für ihre Ruchlosigkeit nach der Zeit Ordnung.*

2. Visuelle Kontemplation

Um unsere Kontemplation zu bereichern, können wir uns auch mit der Zeichnung befassen, die sich in diesem Kapitel befindet. Wie alle Zeichnungen in diesem Buch wurde sie speziell zum Zweck der visuellen Kontemplation erstellt. Betrachten wir die verschiedenen Elemente der Zeichnung, während die Ideen der Mileser in uns wirken. Gleiten wir mit den Augen behutsam und langsam über die Zeichnung, hin und wieder innehaltend bei einem bestimmten Detail, um es zu verstehen und Eindrücke in unseren Gedanken auslösen zu lassen. Wir wollen vermeiden, dem Bild unsere eigene Interpretation aufzuerlegen; es soll nur in uns wirken.

3. Thema-Kontemplation

So wie wir uns einem Text oder einer Zeichnung kontemplativ annähern können, können wir auch mit einem philosophischen Thema kontemplativ umgehen. Die Herausforderung besteht darin, dies nicht als verstandesmäßige Übung zu betrachten, sondern uns dieser in Form eines persönlichen Dialogs zu öffnen. Stellen wir unsere automatische Neigung zur Seite, analysieren und eine Meinung äußern zu wollen und hören wir stattdessen in uns hinein, wie das nachfolgende Thema in uns spricht:

Theorien sind ein großartiges Instrument. Sie bündeln die Welt für uns, sie sagen uns im Voraus, was wir zu erwarten haben, sie erlauben uns Maschinen zu bauen und unsere Umwelt zu steuern. Aber lassen sie sich auf alles anwenden?

Theorien scheinen gut zu funktionieren, wenn es darum geht, leblose Objekte wie Steine und Wolken zu verstehen, aber lassen sie sich auch auf mich selbst anwenden? Kann eine Theorie dazu beitragen, meine eigenen Erfahrungen mit Liebe, Hoffnung oder Angst besser zu verstehen?

Wenn wir eine Theorie über eine persönliche Situation aufstellen und sie analysieren, haben wir manchmal das unangenehme Gefühl, dass etwas außenvor gelassen wurde. Irgendwie haben wir das Gefühl, dass die Theorie nicht dem gerecht wird, was einzigartig, undefiniert, subjektiv und zutiefst persönlich ist. Ist es möglich, dass theoretisches Denken nicht angemessen ist, um unser eigenes Leben, insbesondere unsere persönlichen Erfahrungen zu verstehen? Und wenn dem so ist, warum ist es so?

Die Saat der Kontemplation

Um diesem philosophischen Thema gedanklich tief zu begegnen, kann ein „Keimling" zur Kontemplation sinnvoll sein – also ein Ideengerüst oder ein Sinnbild als Ausgangsbasis für eine tiefere Reflektion. Nachfolgend finden sich mehrere Vorschläge für solche Ausgangspunkte. Wir wählen einen davon aus (wir können auch einen eigenen entwickeln) und lassen ihn in unserem Kopf wachsen und sich ausbreiten.

a) Die Metapher von der **Betrachtung von innen - Betrachtung von außen**: Wenn ich über meine Erfahrungen nachdenke, betrachte ich sie sozusagen „von außen" und beobachte sie, als wären es Erfahrungen eines anderen. Wenn ich dagegen meine Erfahrungen schlicht wahrnehme, ohne über sie nachzudenken, dann nehme ich sie „von innen" wahr, aus meiner eigenen Perspektive heraus. Der Unterschied in der Perspektive ist möglicherweise der Grund, warum beim theoretischen

Nachdenken etwas von meinem Innenleben außenvor zu bleiben scheint.

b) Das Konzept **der Einzigartigkeit**: Eine Theorie verwendet immer Verallgemeinerungen und eine Verallgemeinerung bezieht sich auf Dinge, die wiederholbar sind, d. h. die immer wieder vorkommen. Aber vielleicht sind einige persönliche Erfahrungen einzigartig und nicht zu wiederholen, so dass sie sich theoretischen Verallgemeinerungen entziehen.

c) Die Metapher von **vor dem Wort**: Wenn wir theoretisch nachdenken, denken wir in Worten, in Begriffen. Aber manchmal sind wie direkt mit der Wirklichkeit konfrontiert, bevor unser Verstand in Worten zu denken beginnt: Ich bin einem Anderen in Liebe verbunden, ich habe eine Verbindung zur Natur durch meinen Sinn für Schönheit, ich fühle das Göttliche durch ein Gefühl von Ehrfurcht. In solchen Momenten verstummen Worte und Theorien.

Kapitel 2

Heraklit – Alles fließt

Einführung

Heraklit lebte circa in den Jahren 500 v. Chr. in der griechischen Stadt Ephesus in Kleinasien, der heutigen Türkei. Über sein Leben ist nur wenig bekannt, aber spätere einstige Historiker schrieben, er stammte aus einer einflussreichen Familie, er sei ein Snob gewesen und schrieb in einer schwierigen Sprache, so dass ihn nur wenige verstanden (daher der Name „Heraklit der Dunkle"), und er sei ein Pessimist gewesen (daher der Name „der weinende Philosoph"). Er starb an Krankheit im Alter von 60 Jahren.

Heraklit verfasste eine Schrift, in welcher er versuchte, alles Wissen zu erfassen. Von diesem Buch sind heute nur noch einige fragmentierte Schriften erhalten, deren Hauptthemen sind das Vorhandensein eines allgemeingültigen Weltgesetzes, dem alles unterliegt - der Logos. Die im Halbschlaf befindlichen Menschen verstehen den Logos nicht und daher auch nicht, dass sich alles in der Welt in einem ständigen, fließenden Prozess des Werdens befinde; dass Feuer das Grundprinzip der Realität sei; dass Gut und Böse entsprechend zur eigenen Perspektive stünde; und dass naturgegebene Abläufe in einem Spannungsverhältnis zwischen Gegensätzen ständen und doch harmonisch miteinander verbunden seien.

Reflektion: Dinge oder Veränderungen?

Stellen wir uns vor, wir sind auf einer Party bei jemandem zu Hause. Wir gehen kurz hinaus, um frische Luft zu schnappen und kehren zehn Minuten später zurück. Auf den ersten Blick scheint sich nichts verändert zu haben – „dieselben" Leute, „derselbe" Raum und „dieselben" Möbel, „dieselbe" Kleidung und „derselbe" Schmuck. Unser Verstand empfindet alles als dasselbe, automatisch und unreflektiert.

Doch wenn man genauer hinsieht, stellt man fest, dass unzählige Veränderungen stattgefunden haben. Der Mann in der Ecke, der vorher mürrisch war, lächelt jetzt und hat seinen Pullover ausgezogen. Die große junge Frau sitzt nicht mehr still alleine da, sondern steht und unterhält sich angeregt mit jemandem. Die Zeitung auf dem Tisch ist jetzt aufgeschlagen und ein wenig angerissen. Der rote Teppich ist an einer Ecke kraus. Das Licht ist etwas anders, vielleicht weil die Sonne aus den Wolken hervorgekommen ist und der Raum nun heller ist als noch vor zehn Minuten.

Wir sind so sehr an Veränderungen gewöhnt, dass wir sie kaum noch wahrnehmen. Unser Verstand nimmt an, dass alles so ist wie zuvor. Aber, fragt Heraklit, was wäre, wenn es gar keine Beständigkeit um uns herum gäbe sondern nur Veränderungen - einen unablässigen Strom von Veränderungen wie der fortlaufende Fluss mit seinen unzähligen Wogen und Wirbeln?

Und Heraklit fügt noch einen zweiten Grund hinzu, die Vorstellung feststehende Dinge in Frage zu stellen: Die Dinge sind nicht einfach das, was sie sind, denn jedes Ding beinhaltet ebenfalls seinen Gegensatz. Der ernste Gesichtsausdruck der Frau wirkt ebenso lustig. Der große Mann wirkt winzig neben der riesigen Skulptur. Das von der Wand zur Lampe führende elektrische Kabel, führt auch von der Lampe zur Wand.

Und eine dritte Überlegung: Gegensatz und Harmonie sind einander nicht so fremd wie man meinen könnte. Hört man dem am Klavier singenden jungen Paar zu, wird man feststellen, dass der Sopran der Frau zwar ganz anders klingt als der Tenor des Mannes, aber dass dennoch die beiden Stimmen sich zu einem harmonischen Gesang vereinigen. Auch der leidenschaftliche Wettkampf zwischen den beiden Tischtennisspielern auf der Veranda ist ein schöner Anblick, nahezu perfekt. Und die lautstarke politische Diskussion in der Mitte des Raumes gehört zur Freundschaft.

Was also ist die Wirklichkeit? Besteht sie aus beständigen und eindeutigen Dingen, die nur Erscheinung und Ort verändern, oder ist sie eine Welt von Veränderung und harmonischen Gegensätzen? Sind die Grundbausteine, aus denen die Wirklichkeit erschaffen ist, Dinge oder das in Veränderung befindliche?

Heraklits Antwort: Alles fließt

Heraklit antwortet: Sobald wir unserer automatischen Neigung widerstehen, alles als dasselbe zu wahrzunehmen und stattdessen dem Wandel Aufmerksamkeit schenken, werden wir erkennen, dass alles im Wandel und in Veränderung befindlich ist. Scheinbarer Stillstand ist nur eine optische Erscheinung. Die Welt befindet sich wie Feuer in ständiger Bewegung und im Wandel. Wer meint, ein Baum sei dauerhaft beständig, sollte einen Film von diesem Baum aufnehmen und diesen nachfolgend schneller abspielen, dann wird man dem Prozess von Wachstum und Verfall gewahr werden.

Dennoch, so Heraklit, befindet sich unsere Welt nicht im Chaos. Obwohl alles einer ständigen Veränderung unterlegen ist, so ist dies kein willkürlicher Akt. Ein Tisch fliegt nicht plötzlich durch die Luft oder verwandelt sich in einen Elefanten.

Der Wandel der Veränderung wird von Strukturen und Regeln bestimmt oder - wie Heraklit es ausdrückt - vom "Logos", der den Wandel in Grenzen hält. Der Logos ist der Weg des Wandels, der Dramaturgie des Universums.

Einige **Schlüsselbegriffe** *zum Nachdenken:*

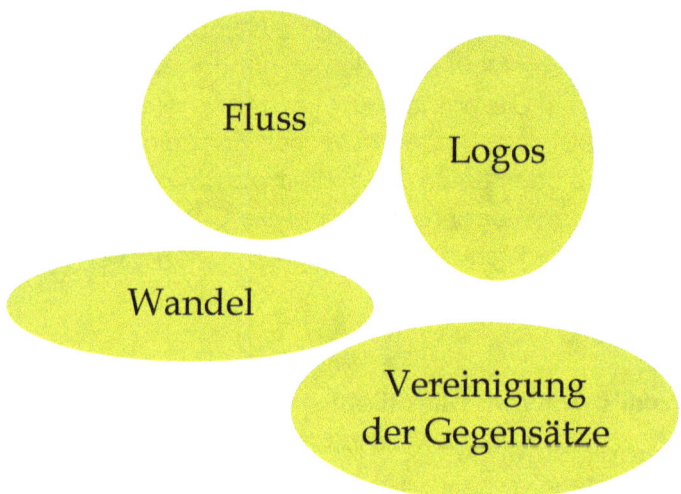

Kontemplation

Nachdem wir nun die Grundsätze der Theorien von Heraklit verstanden haben, werden wir uns der Kontemplation zuwenden - mit anderen Worten, still gedanklich tief in uns gehen. Anstatt seine Ideen auf der verstandesmäßigen Ebene zu analysieren, wollen wir unser tiefes Verstehen für unsere eigenen Einsichten öffnen, die so etwas wie Resonanzen aus unserem Innern sind. Mit anderen Worten, wir möchten mit Heraklits Sichtweise in Kontakt treten.

1. Text- Kontemplation

Heraklits Buch ist im Verlauf der Zeit verloren gegangen, aber einige spätere Zitate von nachfolgenden Schriftstellern der Antike sind uns erhalten geblieben. Um auf Basis der anschließenden Auswahl gedanklich tief in uns zu gehen, sollten wir uns zunächst einige Augenblicke mit geschlossenen Augen auf uns selbst konzentrieren und danach die Sätze langsam und behutsam lesen, um sie in uns wirken zu lassen. Man könnte auch einen Satz rezitieren: Dafür wählt man einen aussagekräftigen Satz aus und liest ihn wieder und wieder langsam vor, wie einen Sprechgesang. Dabei lauschen wir dem Klang des Satzes, wie er in uns nachhallt und versuchen Einsichten, die in unserem Kopf auftauchen zu erfassen.[2]

2. Aber obschon das Wort allen gemein ist, leben die meisten so, als ob sie eine eigene Einsicht hätten.

8. Das auseinander Strebende vereinigt sich und aus den Gegensätzen entsteht die schönste Vereinigung und alles entsteht durch den Streit.

30. Diese Weltordnung, dieselbige für alle Wesen, hat kein Gott und kein Mensch geschaffen, sondern sie war immerdar und ist und wird sein ewig lebendes Feuer; sein Erglimmen und sein Verlöschen sind ihre Masse.

41. Eins ist die Weisheit die Vernunft zu erkennen, als welche alles und jedes zu lenken weiß.

51. Sie verstehen nicht, wie das auseinander Strebende ineinander geht: gegenstrebige Vereinigung wie beim Bogen und der Leier.

> **60.** Der Weg auf und ab ist ein und derselbe.
>
> **91.** Man kann nicht zweimal in denselben Fluss steigen....
>
> **126.** Das Kalte wird warm, Warmes kalt, Nasses trocken, Dürres feucht.

2. Visuelle Kontemplation

Die visuelle Kontemplation ermöglicht es uns, die Ideen eines Philosophen auf nonverbale Weise zu vertiefen. In diesem Kapitel, wie auch in allen anderen Kapiteln dieses Buches, findet sich eine Zeichnung. Schauen wir sie uns in Ruhe an, mit Heraklits Gedankengut im Hinterkopf.

Wir schweifen mit unseren Augen langsam und ungezwungen darüber, gelegentlich innehaltend, um ein Detail genauer zu betrachten. Wenn wir uns genügend Zeit und innere Ruhe gönnen, kann die Bildbetrachtung neue Erkenntnisse stimulieren.

3. Thema-Kontemplation

Wir denken an Heraklits Theorie, dass sich alles ständig verändert. Das gilt demnach auch für mein tägliches Leben, für meine Stimmungen, meinen Körper, meine Freunde und Kollegen, mein Haus - sie alle verändern sich von Tag zu Tag und von Augenblick zu Augenblick. Die meisten Menschen merken das nicht, sagt Heraklit, weil sie nur die trügerische Äußerlichkeit von Stabilität und Gleichförmigkeit wahrnähmen. Nur die Weisen würden den ständigen fließenden Wandel, die Veränderung der Gegensätze und den Logos erkennen, der über sie bestimmt.

Daraus ergibt sich die folgende Frage für das kontemplative in-sich-gehen: Wie lebte ich mein Leben, wäre ich ein solcher weiser Mensch, der sich dem kosmischen Prozess der Veränderung und des Wandels voll bewusst ist? Wie müsste ich mich verändern, um mit den ständigen Veränderungen um mich herum und in mir umzugehen? Denn was bedeutet Weisheit in einer Welt, die nichts Beständiges zu geben scheint, kein Fundament auf dem man stehen kann, keine verlässlichen Gesetzmäßigkeiten, an denen man sich festhalten kann?

Die Saat der Kontemplation

Um über die Bedeutung von Weisheit in einer Welt des Wandels kontemplativ nachzudenken, könnten wir mit einem „Keimling" zur Kontemplation beginnen – einem

Sinnbild oder einem Ideengerüst, an dem wir uns orientieren können. Hier sind einige Vorschläge:

a) Die Metapher von **fließendem Wasser**: Als weiser Mensch hilft mir ein bewusster Leitgedanke - dass ich kein „Gegenstand" bin, sondern ein Teil einer Strömung im Wandel des Universums. Wie der Fluss einer solchen Strömung, verändert sich auch alles ständig in mir, und ich akzeptiere meine Situation. Ich versuche nicht, an etwas Beständigem festzuhalten, ich wehre mich nicht gegen die Veränderung. Ich bin Wasser und ich kenne die Wege des Wassers. Ich kenne den Logos des Wandels aus meiner inneren Erfahrung.

b) Die Metapher eines **Schiffskapitäns**: Ein weiser Kapitän kennt den Logos der Meere und weiß, wie er ihn für seine Zwecke nutzen kann. Er weiß, wie man mit dem Wind oder gegen den Wind fährt, wie man in einem Sturm navigiert und wie man den Anker wirft. Er kann die kommende Flut oder den aufkommenden Sturm vorhersehen und sich im Voraus darauf vorbereiten.

c) Das Konzept des **Staunens**: In einer sich ständig wandelnden Welt besitze ich kein festes Wissen; ich kann nur staunen. Ich staune über das rastlose „Feuer" des Universums, das ständig tanzt und sich verwandelt, und über den Logos, der den Flammen immer neue Formen und Farben gibt. Jeder Augenblick ist neu und lebendig und ich genieße seine Frische.

Kapitel 3

Parmenides – Sein ist Eins

Einführung

Parmenides von Elea war ein griechischer Philosoph, der gegen Ende des 5. und zu Beginn des 4. Jahrhundert v. Chr. lebte. Sein Einfluss auf die Philosophie der westlichen Welt war beträchtlich. Er schrieb ein philosophisches Werk, eine Dichtung, von dem größere Fragmente erhalten geblieben sind und in welchem er seine imaginäre Reise zum heiligen Tempel einer nicht näher benannten Göttin beschreibt. Dort erklärt ihm die Göttin zwei Arten des Denkens: Den Weg der allgemeinen Meinung, der auf der Wahrnehmung durch die Sinne beruht, sowie den Weg der Wahrheit, der sich auf die Vernunft (Logos) stützt. Während der Weg der allgemeinen Meinung die Welt als eine Vielfalt von Dingen darstellt, die sich bewegen und verändern, die geschaffen und zerstört werden, so zeigt der Weg der Wahrheit, dass dies unmöglich ist. Bewegung, Wandel und Schöpfung bedeuten eine Verneinung des Seienden, die undenkbar ist: es war hier, aber jetzt ist es nicht, es ist dieses, aber nicht jenes, es ist jetzt, aber war nicht früher. Was ist - ist; und was nicht ist - ist nicht. Folglich, das Seiende ist - es ist unteilbar und unveränderbar

Reflektion: Was ist Sein?

Manchmal erlebt man ein Gefühl der Verwunderung: Was ist diese mich immer umgebende Wirklichkeit, die mich und alles was ist umfasst?

Es mag verlockend sein, belanglos zu antworten: Die Wirklichkeit ist einfach alles zusammengenommen, die Summe aller existierenden Dinge: Steine und Blumen, Flüsse und Sterne.

Aber nein, würde Parmenides, der Philosoph der Antike antworten, das ist nicht meine Frage. Ich bin nicht verwundert über die Existenz der einzelnen Dinge, sondern über die Existenz im Allgemeinen. Der Baum ist, der Stein ist, der Berg ist - aber was ist dieses „Seiende"? Was bedeutet es zu Sein? Was ist das Seiende?

Das ist, sagt uns Parmenides, was das Wunder ausmacht: Die Verwunderung darüber, dass etwas ist, das Seiende von allem.

Parmenides' Antwort: Was ist, ist

Das Sein, oder das Seiende, erklärt Parmenides, kann keine bestimmte Eigenschaft haben oder eine Sache sein. Es kann nicht grün im Unterschied zu blau sein, oder hart im Unterschied zu weich, denn es umfasst alles, was ist, gleichgültig ob grün oder blau oder gelb, ob weich oder hart. Sein ist - es kann nicht etwas enthalten, was „nicht" ist - also kann es nicht das eine sein, aber „nicht" das andere. Es muss jenseits aller besonderen Eigenschaften und aller einzelnen Gegenstände liegen, jenseits aller Abgrenzungen und Unterschiede. Es ist durch keine Einschränkung oder Beschaffenheit begrenzt. Es ist reines Sein.

Ebenso kann sich das Sein nicht wandeln oder bewegen. Es kann nicht in einem Moment hier und im nächsten

Moment "nicht" hier sein. Das Seiende ist - einfach. Und was nicht ist, kann davon unmöglich ein Teil sein.

Dies führt uns jedoch zu einer überraschenden Schlussfolgerung: Es bedeutet, dass die Wirklichkeit nicht aus einer Vielfalt von Dingen besteht, so wie wir normalerweise annehmen. Wenn man sich umschaut, scheint man viele Dinge wahrzunehmen - Bäume und Tische, Vögel und Wolken - aber tatsächlich sind sie alle ein einziges Sein. Unsere Sinne führen uns scheinbar in die Irre. Wir dürfen uns nur auf unsere Vernunft verlassen.

Parmenides' Sichtweise mag seltsam erscheinen, weil sie in Abrede stellt, dass die Wirklichkeit aus vielen Dingen besteht, so wie sie unseren Sinnen erscheint. Versuchen wir, ein intuitives Gefühl für das zu bekommen, was er sagt.

Gewöhnlich bemerken wir bestimmte Dinge. Wir schauen uns diesen oder jenen Gegenstand an, wir berühren das eine oder das andere, wir nehmen Einfluss auf den ein oder anderen Gegenstand. Sogar ich selbst scheine ein Objekt unter Objekten zu sein, und wir begegnen anderen Menschen, wie ein Objekt einem anderen begegnet. Und dennoch geschieht in besonderen Momenten etwas anderes mit uns. Unsere Aufmerksamkeit löst sich von bestimmten Objekten und wir greifen nicht mehr nach diesem oder jenem Ding. Wir öffnen uns dem gesamten Universum, der Wirklichkeit als Ganzem, allem was ist. Das Sein selbst offenbart sich für uns.

Und nun stellen wir fest: Jenseits der besonderen Farben und Formen, jenseits der vielen Details um uns herum und in uns, erleben wir das reine Sein, das allem zugrunde liegt, das allumfassende Sein. Und dann ist da Ehrfurcht und Staunen. Alles, was wir dann sagen können, ist: Was ist, ist.

*Einige **Schlüsselbegriffe** zum Nachdenken:*

Kontemplation

Nachdem wir nun die der Vision Parmenides' unterliegenden Logik nachvollzogen haben, wollen wir versuchen, tiefer und individuell auf sie einzugehen. Wir wollen sie nicht nur als abstrakte Theorie begreifen, sondern sie aus dem Innern heraus wahrnehmen und ihre Bedeutung für uns selbst entdecken. Wir möchten uns folglich kontemplativ auf seine Visionen einlassen.

1. Text-Kontemplation

Wir lesen Parmenides' Worte ganz langsam, wir wollen teilhaben an seinen Worten und Ideen, sie sollen Erstaunen und Verwunderung entfachen. Sie sollen in uns wirken. Was sagen sie uns über uns selbst und unsere reale Welt? Können wir uns möglicherweise daran erinnern oder uns vorstellen, ein Gefühl des wahrhaften Existierens erlebt zu haben, vielleicht so etwas wie ein „ich bin, ich existiere" oder „Alles existiert"? Haben wir einmal die Wahrhaftigkeit der Wirklichkeit empfunden, dem Seienden, das alles zusammenführt? Wenn dem so ist, was sagt uns dieses Wunder darüber, was es bedeutet zu existieren?

Hier folgen einige bedeutende Auszüge von Parmenides philosophischem Gedicht:[3]

> *3. Denn das Seiende denken und sein ist dasselbe.*
>
> *7.8. Denn es ist unmöglich, dass dies zwingend erwiesen wird: es sei Nichtseiendes; vielmehr halte du von diesem Wege der Forschung den Gedanken fern, und es soll dich nicht vielerfahrene Gewohnheit auf diesen Weg zwingen, walten zu lassen das blicklose Auge und das dröhnende Gehör und die Zunge, nein mit dem Denken bring zur Entscheidung die streitreiche Prüfung, die von mir genannt wurde.*
>
> *8. So bleibt nur noch Kunde von einem Wege, dass es ein Sein gibt. Darauf stehn gar viel Merkpfähle: weil ungeboren ist es auch unvergänglich, ganz, eingeboren, unerschütterlich und ohne Ende. Es war nie und wird nicht sein, weil es allzusammen nur im Jetzt vorhanden ist, eins und unteilbar. Denn was für einen Ursprung willst Du für das Seiende ausfindig machen? Wie und woher sein Wachstum?*

2. Visuelle Kontemplation

Wir wollen nun auf Parmenides' Vision mit Hilfe der Zeichnung einsteigen, die sich in diesem Kapitel befindet. Bilder haben die Kraft, Ideen in uns auszulösen, weniger konzeptionell als eher intuitiv und ganzheitlich.

Lassen wir unseren Blick leicht über die Zeichnung gleiten und versuchen wir die Einsichten wahrzunehmen, die sich in uns manifestieren können. Im Unterschied zu den anderen Zeichnungen enthält diese nur wenige Details. Der Grund dafür ist eindeutig: In Parmenides' Welt gibt es nur ein einziges, ganzes Sein, unteilbar und unveränderbar. Diesem „Einssein" wollen wir uns kontemplativ nähern.

3. Thema-Kontemplation

Das Bewusstsein, dass das Sein allem zugrunde liegt, ist ein ganz besonderer, unglaublicher geistiger Zustand – er ist jedoch nur von kurzer Dauer. Sollte es mir gelingen, ihn zu erreichen, so löst er sich zwangsläufig früher oder später wieder auf und lässt mich zurück in meinen Alltag und meinen herkömmlichen Bewusstseinszustand. Ich werde wahrscheinlich wieder meiner Arbeit gegenübersitzen, mich unterhalten, diskutieren oder fernsehen und alles mit diesem Erlebnis Verbundene vergessen.

Sollte es mich beschämen, das Gefühl des Seins so schnell verloren zu haben? Ist es tatsächlich so wertvoll das Bewusstsein des Seins zu erhalten? Sollte ich danach suchen? Oder anders ausgedrückt: Welche Bedeutung, wenn überhaupt eine, hat das grundsätzliche Bewusstsein des Seins in meinem Leben?

Die Saat der Kontemplation

Um uns kontemplativ mit diesem Thema zu befassen, können wir eine Metapher oder ein Konzept verwenden, die uns als „Keimlinge" zur Kontemplation dienen. Hier sind einige Vorschläge:

a) Die Metapher von **Blumen, die aus der Erde erblühen**: zugegebenermaßen basiert vieles von dem, was wir um uns herum aufnehmen, auf irreführenden Wahrnehmungen – so wie Parmenides erklärt. Dennoch kommen sie von irgendwoher - offenkundig vom Sein. Unser Eindruck von Realität wird genährt aus dem Sein, so wie Blumen auf dem Erdreich wachsen. Und auch wir als menschliche Wesen begründen unsere Existenz, unser Dasein im Sein. Selbst wenn wir mit der Vielzahl der Dinge um uns beschäftigt sind, sind wir dennoch in der Lage durch sie hindurch die Kraft des Seins wahrzunehmen, in der ihre Wurzeln liegen.

b) Das Konzept von der **Akzeptanz unserer Grenzen**: Wenn Sein die eigentliche Realität ist, liegt ihm unser Bedürfnis zugrunde, uns mit diesem immerwährend zu verbinden. Leider ist das ein Ding der Unmöglichkeit, denn wir sind keine erleuchteten Weisen oder Engel im Himmel; wir sind ganz gewöhnliche menschliche Wesen mit Grenzen. Sollten wir dennoch ab und zu einen Schimmer von der Essenz erhaschen können, die sich unter der Oberfläche verbirgt - was mehr kann man sich erhoffen? Wie glücklich müssen wir uns schätzen – Geschöpfe verloren in belanglosen Angelegenheiten - wenn wir manchmal in besonderen, raren Momenten, eine Ahnung des höchsten Seins erfahren.

c) Das Sinnbild der **zwei Leben**: Wenn wir vertieft sind in alltägliche Dinge, ist nur ein Teil von uns damit befasst. Auf einer anderen Dimension unseres Selbst sind wir verbunden mit einer weitaus größeren Realität, mit dem Sein. Das bedeutet jedoch, dass wir zwei verschiedene Leben parallel leben: ein Leben der Vielfältigkeit und ein Leben des einen einheitlichen Seins. Und selbst wenn wir uns in dem einen Leben in Belanglosigkeiten verlieren, haben wir in unserem anderen Leben immer noch Bezug zur eigentlichen Realität.

Kapitel 4

Empedokles – Liebe versus Streit

Einführung

Empedokles wurde im frühen 5. Jahrhundert v. Chr. in der griechischen Stadt Akragas, dem heutigen Agrigent, auf Sizilien geboren. Aus späteren Aufzeichnungen geht hervor, dass er aus einer aristokratischen Familie stammte. Er war ein erfolgreicher Redner, praktizierte Medizin und engagierte sich politisch. Im Alter von sechzig Jahren verstarb er einer Legende zufolge durch einen Sprung in den Schlund des Vulkans Ätna.

Empedokles verfasste mindestens zwei philosophische Dichtungen, "Über die Natur" und " Reinigungen". Im ersten Werk, von dem Teile erhalten sind, erklärt er die strukturelle Beschaffenheit der Materie anhand von vier „Urstoffen" (Wurzeln) und zwei Kräften. Die Urstoffe seien Feuer, Erde, Luft und Wasser, aus denen jedes Element zusammengesetzt sei, jedoch in unterschiedlichen Mischungsverhältnissen. Diese seien unzerstörbar und unvergänglich. Sie seien von zwei gegensätzlichen Kräften beherrscht, die sie durch wechselhafte, zyklische Zunahme und Rückgänge im Gleichgewicht hielten.

> Diese beiden Kräfte sind Liebe und Streit, die Kraft der Anziehung und Vereinigung gegenüber der Kraft der Ablehnung und Trennung. Da sie sich zyklisch in ihrer Intensität verändern, unterliegt der Kosmos einem Kreislauf, bei dem entweder der Zustand von Liebe oder der von Streit vorherrscht, wobei der erste zu Perioden des Höchstmaßes an Vereinigung und der zweite zu Perioden der höchsten Zerstörung führt.

Reflektion: Welche Urkräfte beherrschen unsere Welt?

Wer im fünften Jahrhundert v. Chr. lebte und versuchte, die Urkräfte der Natur zu begreifen, konnte sich nicht die Möglichkeiten der modernen Wissenschaft zunutze machen. Die modernen Errungenschaften wie das Durchführen von Experimenten im Labor, mathematische Ergebnismessung, wissenschaftliche Forschungsmodelle aufzustellen und sie im Labor zu testen - all das ist noch viele Jahrhunderte entfernt. Die Vorsokratiker mussten sich auf Ihre alltäglichen Beobachtungen und Ihr logisches Denken verlassen.

Wären wir Denker im 5. Jahrhundert v. Chr. und versuchten, die Urkräfte zu bestimmen, die alles in der Natur Existierende beherrschen, wären wir wahrscheinlich sprachlos bei der erstaunlichen Vielfalt der beobachtbaren Naturphänomene: feste unbewegliche Dinge wie Steine, fließendes Wasser, im Ofen loderndes Feuer, wachsende Pflanzen, die Früchte tragen und Blüten keimen lassen, laufende und springende Tiere, die Junge gebären und Laute von sich geben, Menschen, die sich unterhalten, arbeiten, spielen und gegeneinander kämpfen. Jeder von ihnen zeigt eine verwirrende Bandbreite von Verhaltensweisen unter den verschiedensten Umständen. Wie würden wir aus dieser Perspektive heraus das Wirken dieser Urkräfte erklären, die die gesamten Vorgänge im Kosmos steuern?

Empedokles' Antwort: Liebe und Streit

Die Komplexität und Vielfalt unserer uns umgebenden Welt lässt auf den ersten Blick kein zusammenhängendes und gemeinsames Wirken erkennen, von dem sie gesteuert sein könnte. Was können eine Wolke, die am Himmel schwebt, eine Pflanze, die eine Blüte hervorbringt, ein Erdbeben und ein Mensch, der einen Brief schreibt, schon gemein haben? Es erscheint so, als unterläge jedes Ding seinen eigenen Gesetzmäßigkeiten.

Und dennoch erkennt Empedokles in dieser verwirrenden Vielfalt Gemeinsamkeiten. Er betont, dass alle Naturerscheinungen in Form einer unterschiedlichen Intensität von Harmonie oder Einheit gegenüber Konflikt oder Trennung verstanden werden können. Auf der einen Seite sehen wir zwei streitende Hunde, ein Erdbeben, das eine Stadt verwüstet, eine Krankheit, die den Körper zerstört - all dies beinhaltet Konflikt, Störung der Einheit, Zersplitterung und Trennung. Auf der anderen Seite erleben wir einen wunderschönen Gleichgewichtszustand zwischen Pflanzen und Tieren des Waldes, das Miteinander von zwei guten Freunden oder das Bündnis zwischen Mitgliedern einer friedlichen Gemeinschaft.

Und so sagt uns Empedokles man müsse die Welt und das Leben als von zwei gegensätzlichen Kräften beherrscht betrachten: der Liebe - der Kraft der Einheit - und dem Streit - der Kraft des Konflikts und der Trennung. Diese beiden Urkräfte stehen sich im Universum gegenüber, so dass manchmal die eine und manchmal die andere die Oberhand gewinnt.

*Einige **Schlüsselbegriffe** zum Nachdenken:*

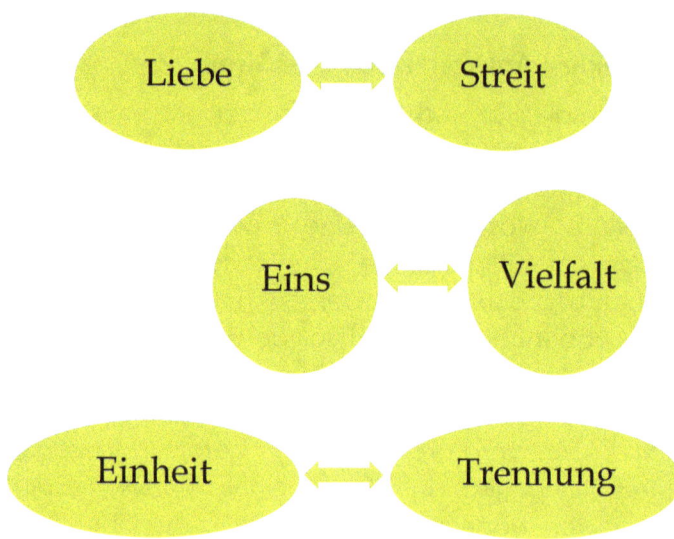

Kontemplation

Empedokles' Auffassung von den Kräften der Liebe und des Streites war beabsichtigt als allgemeine Theorie in Bezug auf die Welt, aber wir dürfen für uns in Anspruch nehmen zu hinterfragen, inwiefern sich dies konkret auf unser eigenes Leben übertragen lässt. Inwieweit können wir unser Leben als beherrscht von diesen beiden Kräften betrachten? Und noch gezielter, inwieweit erklärt die Idee dieser gegensätzlichen Kräfte unsere persönlichen Erfahrungen?

Wenn wir das Leben durch die Brille neuer Konzepte, Ideen betrachten, entdecken wir oft neue Sichtweisen und gelangen zu neuen Erkenntnissen. Wir wollen uns nun gedanklich kontemplativ mit dem Leben auseinandersetzen – mit unserem persönlichen Leben und dem Leben im

Allgemeinen - durch die Brille von Empedokles' entgegenwirkenden Kräften der Liebe und des Streits.

1. Text-Kontemplation

Beginnen wir mit der kontemplativen Betrachtung einiger bedeutender Fragmente, die uns von den Schriften Empedokles' erhalten geblieben sind. Wir wollen den folgenden Text langsam und bedächtig lesen und uns selbst fragen, was er uns über das Leben sagt. Die beiden Abschnitte sind Empedokles' Buch *Über die Natur* entnommen:[4]

> **17.** *Ein Doppeltes will ich verkünden. Bald wächst nämlich ein einziges Sein aus mehrerem zusammen, bald scheidet es sich auch wieder, aus Einem Mehreres zu sein. Wie nun der sterblichen Dinge Entstehung doppelt ist, so ist auch ihre Abnahme doppelt. Denn die Vereinigung aller Dinge zeugt und zerstört die eine, die andere eben herangewachsen, fliegt wieder auseinander, wenn sich die Elemente trennen. Und dieser beständige Wechsel hört nimmer auf: bald vereinigt sich alles zu Einem in Liebe, bald auch trennen sich wieder die einzelnen Dinge im Hasse des Streites.*
>
> *Insofern nun so Eines aus Mehrerem zu entstehen pflegt und Mehreres aus dem Zerfall des Einen entsprosst, insofern findet eine Entstehung statt und ihr Leben bleibt nicht unverändert, sofern aber ihre ständige Veränderung nimmer aufhört, insofern sind sie immerdar im Kreislauf unbewegliche Götter.*

> **21.** *Blick ... auf die Sonne, überall warm und hell zu schauen; auf alle die unsterblichen Himmelskörper, die mit Wärme und strahlendem Glanze getränkt werden, auf das Nass, das dunkel und kühl in allem sich zeigt, und aus der Erde strömt bevor das Gründende und Feste. Und all das regt sich in verschiedener Gestalt und zwiespältig im Streite, doch in Liebe eint es sich und sehnt sich zueinander.*
>
> *Denn aus diesen Elementen sprosst alles was da war, ist und sein wird, Bäume und Maenner und Weiber und Tiere, Vögel und wassergenährte Fische und selbst Götter, langlebige an Ehren reichste. Denn es gibt nur diese (vier Elemente): durcheinanderlaufend werden sie zu verschiedenartigen Dingen; solchen Tausch bringt die gegenseitige Mischung hervor.*

2. *Visuelle Kontemplation*

Mit Empedokles' Idee der zwei Urkräfte Liebe und Streit im Hinterkopf, wollen wir vorsichtig die Zeichnung in diesem Kapitel betrachten und in uns sprechen lassen. Was sagt sie uns über das Wesen dieser beiden Kräfte?

3. *Thema-Kontemplation*

Betrachten wir die von Empedokles vorgeschlagene Dynamik von Liebe und Einheit gegenüber Unfrieden und Zersplitterung. Diese beiden Kräfte erstarken und schwächen sich wieder ab im Laufe der Zeit, so dass in manchen Zeiten die Liebe dominiert, während zu anderen Zeiten der Zwist herrscht.

Bis zu einem gewissen Grad erfahren wir alle, wie diese Kräfte in uns wirken: Einerseits kennen wir Wut, Hass, Eifersucht, innere Zerrissenheit, Selbstzweifel, aber auch Konkurrenzdenken, ich-bezogenes Denken, das Bedürfnis in

Ruhe gelassen zu werden, die allesamt darauf abzielen, die Einheit in Einzelteile aufzubrechen: Ich gegen die anderen, ein Gefühl gegen ein anderes. Andererseits sind wir auch vertraut mit den Erfahrungen von Einfühlungsvermögen, Freundschaft, Hingezogenheit, gegenseitigem Verständnis, dem Gefühl von Harmonie und Vollkommenheit.

Wie können wir mit diesen gegensätzlichen Kräften umgehen und unser Leben den eigenen Zielen folgend führen? Schaffen wir es, auf diese Kräfte Einfluss zu nehmen und sie zu kontrollieren, so dass sie mit unseren Zielen übereinstimmen? Allgemeiner ausgedrückt: Wie können wir unser Leben inmitten dieser Wechselwirkungen leben?

Die Saat der Kontemplation

Hier sind einige Vorschläge, die uns helfen können, über dieses Thema zu reflektieren:

a) Die Metapher des **Gärtners**: Wir können nicht vollständig die Kräfte kontrollieren, die in uns und um uns herum wirken. Wir können weder all unsere Wut auslöschen noch Liebe in unseren Herzen entfachen. Wir können nur versuchen, sie zu pflegen oder im Zaum zu halten, doch wird der Erfolg zwangsläufig lückenhaft sein. Aber soweit möglich, werden wir daran arbeiten, unseren „Garten" zu vervollkommnen und zu verschönen. Wir werden die Kräfte des Streites nutzen, um uns von dem zu befreien, was die Vollkommenheit unseres „Gartens" beeinträchtigt - die Kräfte der Liebe werden wir nutzen, um uns mit dem in Verbindung zu bringen, was dem zuträglich ist.

b) Das Konzept des **Königs**: Viele unserer Bestrebungen und Gefühle vermögen wir mit entsprechender Willenskraft zu beherrschen. Und in dem Rahmen unserer Möglichkeiten, werden wir als König unseres persönlichen Königreichs handeln und für sein gutes Funktionieren sorgen. Ein Königreich kann nicht nur auf Liebe beruhen - es benötigt

Überwachung und Verteidigung auf der einen Seite und ein Miteinander auf der anderen. Das Wohlergehen unseres eigenen kleinen „Königreichs" erfordert gleichermaßen Liebe als auch Streit und es ist unsere Aufgabe als Herrscher dafür zu sorgen, dass jedes dieser Elemente optimal in entsprechenden Situationen aktiv wird.

c) Das Konzept der **Weltharmonie**: Als Einzelwesen unter Millionen von anderen Menschen haben wir einen unbedeutenden Einfluss auf den Zustand der Erde. Selbst unser Einfluss auf unsere eigene Psyche ist begrenzt. Aber soweit es uns möglich ist, werden wir uns damit beschäftigen Liebe in uns wachsen zu lassen und so unseren kleinen Beitrag zur Harmonie in der Welt beizutragen, in der wir alle leben.

Kapitel 5

ANAXAGORAS – DER WELT-GEIST

Einführung

Anaxagoras wurde um 500 v. Chr. in der griechischen Stadt Clazomenae in der heutigen Türkei geboren, die damals unter der Kontrolle des Perserreiches stand. Als junger Mann kam er nach Athen, wo er mehr als zwanzig Jahre lang lebte, bis er gezwungen wurde, die Stadt zu verlassen, wahrscheinlich aufgrund seiner Verbindung mit dem athenischen Führer Perikles.

Für Anaxagoras besteht alles in der Welt aus winzigen, unzerstörbaren Elementen oder „Samen", die es in vielen verschiedenen Arten gibt und die im gesamten Universum miteinander vermischt sind. Darüber hinaus geht er von einer Kraft aus - dem Geist, oder Nous auf Griechisch, der die Welt in Bewegung setzt. Dieser beeinflusst die Konzentration der „Samen" an verschiedenen Orten und trennt sie so in Objekte verschiedener Art wie Steine und Bäume, jedes mit seiner eigenen Zusammensetzung und seiner eigenen Beschaffenheit.

Reflektion: Warum ist die Welt geordnet?

So wie auch schon Parmenides vor ihm, vertritt auch Anaxagoras die Theorie, dass sich etwas Existierendes nicht in nichts verwandeln und auch nicht aus dem Nichts entstehen kann. Daraus ergibt sich, dass das Urmaterial aus dem die Welt besteht, fest und unveränderlich ist. Die Veränderungen, die wir um uns herum wahr zunehmen scheinen – wie wachsende Bäume, erbaute oder zerstörte Häuser, sich fortbewegende Wolken usw. – all das sind nur Neuanordnungen von bestehenden Bausteinen. Diese Elemente, die er „Samen" (homogene Partikel) nennt, sind unendlich klein, immerwährend und unveränderlich. Die in unserer Welt auffindbaren stofflichen Gebilde sind Anhäufungen von Samen jeglicher Art und jede Samenart ist demnach in jedem Gebilde vorhanden - jedoch in unterschiedlicher Ausgewogenheit. Um ein paar Beispiele zum besseren Verständnis aufzuführen (die nicht von Anaxagoras stammen): Ein Stein ist hart, weil er zum größten Teil aus harten und nur aus wenigen weichen Samen besteht, wohingegen Wolle überwiegend aus weichen Samen zusammengesetzt ist. Verbrennt man Wolle zu Asche, lösen ihre Samen sich nicht in Nichts auf, sondern vermischen sich mit anderen Samen in der Natur.

Man könnte meinen, dass sich die Samen, aus denen das Universum zusammengesetzt ist, vollständig miteinander vermischten, so dass die Welt wie ein einheitliches „Gemisch" aussieht. Und dennoch, was wir um uns herum sehen, ist eine hochgradig organisierte Welt, die aus individuellen, eigenständigen Objekten besteht: Steine, Pflanzen, Tiere, Menschen, Häuser und so weiter. Darüber hinaus weist jede Art von Gegenstand ein bestimmtes Muster auf: Bäume wurzeln in der Erde und fliegen nicht in der Luft herum, ihnen wachsen Blätter, aber keine Hände. Ein Baum bleibt ein Baum und er folgt dem, einem Baum anhaftenden, typischen Lebenszyklus eines Baumes. Berge verschmelzen nicht zu Gold und den Menschen wachsen keine Flügel. Trotz gelegentlicher Überraschungen befinden sich die Geschehnisse in der Welt und im Leben nicht in einem völligen Chaos, sondern folgen mehr oder weniger bekannten Strukturen.

Wie lässt sich das Konstrukt Welt erklären? Welche Art von Kräften ist für die Aufrechterhaltung der Ordnung in der Welt verantwortlich?

Anaxagoras' Antwort: Der Welt-Geist

Auf den ersten Blick erscheinen zwei alternative Antworten vielversprechend: Eine Möglichkeit wäre, dass die Geschicke der Welt von einem Gott gelenkt sind, der den die Welt zusammensetzenden Samen eine Ordnung auferlegt, indem er daraus geordnete Gefüge macht und dafür sorgt, dass jedes einzelne seinem individuellen Bauplan folgt. Demgegenüber könnte man behaupten, die Welt werde von niemandem gelenkt und die scheinbare Struktur der Welt sei das Ergebnis, auf die Samen einwirkender, blinder Kräfte. Blinde selbsttätige Kräfte würden die Ordnung von selbst errichten.

Anaxagoras lehnt beide Möglichkeiten ab und wählt einen Mittelweg. Einerseits, so seine Argumente, willkürliche selbsttätige Kräfte reichen nicht aus, um eine strukturiert organisierte Welt zu gewährleisten. Ohne eine ordnende Kraft würden die die Welt zusammensetzenden Samen miteinander zu einer homogenen Substanz vermischt anstatt zu eigenständigen Körpern.

Andererseits ist die ordnende Kraft kein göttliches Wesen mit persönlichem Willen. Es gibt keinen Grund für die Annahme, dass es sich um eine „Person" handelt, die bewusst denkt und handelt und der Welt ein vorgegebenes Ziel auferlegt. Platon und Aristoteles waren unweigerlich von

Anaxagoras' Theorie enttäuscht, da sie in Abrede stellte, dass das Universum auf einer ethisch-sittlichen Grundordnung beruhe.

Anaxagoras nennt diese Kraft "Nous", was auf Griechisch „Geist" oder „Intellekt" bedeutet. Dieser kosmische Geist bewirkt, dass sich die Samen der Welt zu einzelnen Objekten mit bestimmten Eigenschaften zusammenfügen, die bestimmten Verhaltensmustern folgen. Auf diese Weise organisiert der Nous die Welt zu einem verständlichen Ganzen.

*Einige **Schlüsselbegriffe** zum Nachdenken:*

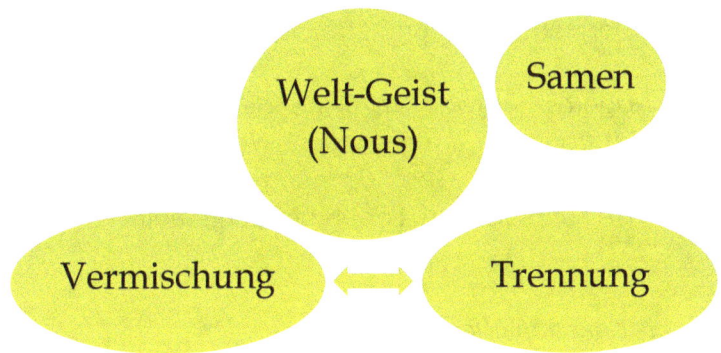

Kontemplation

Von Anaxagoras' Buch sind heute nur noch Bruchstücke erhalten, doch es scheint, dass er sich überwiegend für die Erforschung von Zusammenhängen in der Natur und der Welt als die Untersuchung menschlichen Lebens und seiner psychologischen Zusammenhänge interessierte. Wenn wir seine Theorie etwas großzügiger auslegen, lassen sich seine Thesen auch dem Leben der Menschen annähern und somit können wir unser kontemplatives Denken dem Leben näherbringen. Diese erweiterte Theorie würde besagen, dass auch unser persönliches Leben einer logischen Ordnung folgt, hervorgebracht durch eine verstandesgemäße Handlungsweise. Deshalb können wir im Leben eines Menschen bestimmte Phasen, Vorgänge und Entwicklungen feststellen und sie durchdacht einordnen. Das Leben folgt einer verstandesmäßig erfassbaren Ordnung, ein Gedanke, der in der Geschichte von Philosophie und Wissenschaft immer wieder in den verschiedensten Varianten auftaucht.

Was ist ein erklärliches Ordnungsprinzip, welches das Leben und die Welt ausmacht? Und auf uns bezogen, welche logische Ordnung definiert unser individuelles Leben?

Anaxagoras' Antwort im Sinne des Welt-Geistes, des Nous, lässt Raum zur Interpretation. Was heißt das für uns, dass ein kosmischer Geist Ordnung und Bestimmung in unserer Welt und unserem Leben aufrechterhält?

1. Text- Kontemplation

Um dieser Frage nachzugehen, wollen wir Anaxagoras' Worte kontemplativ erörtern und uns dabei auf die Themen um den Welt-Geist, den Nous konzentrieren. Durch langsames Lesen der nachfolgenden Textstellen und dem Auskosten der Worte und Bilder wollen wir versuchen herauszuhören, was sie uns darüber sagen, wie der Welt-Geist Nous auf unsere Welt einwirkt.[5]

> **12.** Das Übrige hat Anteil an jedem, der Geist aber ist unendlich und selbstherrlich und mit keinem Dinge vermischt, sondern allein, selbstständig für sich. Denn wenn er nicht für sich, sondern mit irgendetwas anderem vermischt wäre, so hätte er an allen Dingen teil, vorausgesetzt nämlich, er wäre mit irgendetwas vermischt. Denn in jedem ist ein Teil von jedem enthalten, wie ich im Vorigen gesagt habe; und dann würden ihn die beigemischten Stoffe hindern, so dass er nicht ebenso gut die Herrschaft über jegliches Ding ausüben könnt wie allein für sich. Denn er ist das dünnste aller Dinge und das reinste und er besitzt jegliche Einsicht über jegliches Ding und die größte Kraft. Und über alles was nur eine Seele hat, Großes wie Kleines, hat der Geist die Herrschaft.
> ...Und alles was sich da mischte und absonderte und voneinander schied, kannte der Geist. Und alles ordnete der Geist an, wie es in Zukunft werden soll und wie es vordem war und wie es gegenwärtig ist.

2. Visuelle Kontemplation

Mit den verinnerlichten Ideen Anaxagoras' wollen wir uns die Zeichnung in diesem Kapitel in aller Ruhe anschauen. Mit großer Aufmerksamkeit wollen wir auf Erkenntnisse und Eindrücke achten, die sich in uns auftun und formulieren, was uns diese über die Eigenschaften des Welt-Geistes Nous sagen.

3. Thema-Kontemplation

Wenn es denn einen kosmischen Welt-Geist gäbe, wie kann ich mich dann mit ihm identifizieren und wie kann sich mein Denken mit ihm verbinden? Wie gehe ich damit um? Allgemeiner ausgedrückt, welchen Einfluss hat das auf mein Leben und zu mir selbst?

Die Saat der Kontemplation

Hier folgen einige Beispiele an „Keimlingen", die uns das kontemplative Nachdenken zu diesem Thema anreichern sollen:

a) Die Metapher **eines Geistes im Inneren eines Geistes**: Ich bin kein isolierter Geist, denn mein Geist ist in einem größeren, Welt-Geist eingeschlossen. So wie mein menschlicher Geist, mein Verstand, Gedanken und Erfahrungen enthält, so muss auch der Welt-Geist alle Ideen und Erfahrungen des Kosmos umfassen, einschließlich meiner eigenen. In diesem Sinne ist mein Geist, mein Verstand ein kleiner Teil des Welt-Geistes. Und auch wenn ich mir bewusst bin, dass dieser Teil sehr klein ist, so bin ich dennoch von dem Wissen beseelt, ein Teil eines gewaltigen Geistes zu sein.

b) Das Konzept der **Transparenz**: Wenn der Kosmos einen Geist hat, der alles in der Welt umfasst, mich eingeschlossen, dann kennt er mich vollständig. Ihm sind jegliche meiner Gedanken und Erfahrungen bekannt, meine Hoffnungen, Ängste und Absichten. Daher bin ich für den kosmischen Geist vollständig erfassbar und es gibt nichts, was ich vor ihm verbergen könnte. Im Angesicht des allwissenden Geistes habe ich keine Privatsphäre, kein Geheimnis, keine Versteckmöglichkeit. Vor dem Wissen des Geistes fühle mich völlig entblößt.

c) Das Konzept **meines begreifbaren Lebens**: Wenn der Welt-Geist alle Geschehnisse meines Lebens kontrolliert, dann sollte es mich beruhigen zu wissen, dass mein Leben logisch und nachvollziehbar aufgebaut ist, auch wenn es sich meinem Verständnis entzieht, auf welche Weise dies geschieht. Es ist weder willkürlich noch zufällig. Und auch wenn ich nicht den Sinn meines Lebens erfassen mag, kann ich doch darauf vertrauen, dass mein Leben nicht sinnlos ist.

Kapitel 6

Demokrit - Alles besteht aus Atomen

Einführung

Demokrit (ca. 460-370 v. Chr.) war ein griechischer Philosoph, der in der Stadt Abdera im heutigen Griechenland lebte. Er ist heute vor allem für seine Atomtheorie bekannt, die an die moderne Atomtheorie erinnert (auch wenn sie sich im Detail stark unterscheidet).

Einigen Quellen zufolge übernahm Demokrit die Atomtheorie von seinem Lehrer Leucippus, über den sehr wenig bekannt ist. Es ist daher unmöglich aus heutiger Sicht zu beurteilen, welche Bestandteile der Atomtheorie ursprünglich Demokrit zuzuschreiben sind und welche er von seinem Lehrer übernommen hat. Die Atomtheorie des Demokrit geht jedenfalls davon aus, dass die Welt aus „Atomen" besteht, die unteilbare, feste, unveränderliche und unzerstörbare Teilchen sind, die sich im leeren Raum bewegen.

Diese Theorie könnte eine Reaktion auf Parmenides gewesen sein, der die These vertrat, dass das Sein sich nicht in Nichtsein verwandeln oder aus dem Nichtsein, dem Nichts, geschaffen werden kann.

> Demokrits Atomtheorie bestätigt, dass die Elementarteilchen der Wirklichkeit, die Atome, unveränderlich sind und sich niemals in Nichts verwandeln können. Im Gegensatz zu Parmenides' Theorie erklärt seine jedoch auch, wie Bewegung und Veränderung möglich sind - durch unterschiedliche Anordnungen der Atome.

Reflektion: Ist alles nur eine Anhäufung von Teilen?

Wenn wir uns umschauen, sehen wir uns umgeben von organischer Materie, Bäume und Felsen, Stühle und Häuser. Auch wenn jedes dieser Objekte als eine geschlossene Einheit erscheint, wissen wir, dass es aus kleineren Teilen besteht. Ein Haus besteht zum Beispiel aus Wänden, Fenstern, Türen und einem Dach. Und jedes dieser Teile kann in kleinere Teile aufgeschlüsselt werden, die wiederum in noch kleinere Teile auflösbar sind. Wie klein sind die kleinsten Teile?

Demokrit kam zu dem Schluss, dass alles in der Natur aus kleinsten Elementarteilchen aufgebaut ist. Er stellte sie sich als feste und unteilbare „Atome" (griechisch: unteilbar) vor, die sich im leeren Raum bewegen. Die genauen Überlegungen, die ihn zu dieser Auffassung führten, sind nicht bekannt, da die meisten seiner Schriften verloren gegangen sind. Es ist jedoch erwähnenswert, dass auch andere Philosophen des 5. Jahrhunderts v. Chr., wie Empedokles und Anaxagoras, die Auffassung vertraten, dass organische Gegenstände aus kleinen Elementarteilchen bestehen - wenn auch unterschiedlicher Eigenart. Auch die derzeitigen wissenschaftlichen Theorien gehen davon aus, dass organische Körper aus mikroskopisch kleinen Teilchen - Molekülen, Atomen, subatomaren Teilchen bestehen. Die wissenschaftliche Beweisführung, die diese heutigen Erkenntnisse stützt, stand Demokrit damals nicht zur Verfügung.

Das Konzept, dass physische Gegenstände aus Partikeln bestehen, überrascht uns nicht, denn erfahrungsgemäß wissen wir, dass gewöhnliche Objekte in Stücke zerlegt werden können. Doch bisher haben wir uns mit leblosen Gegenständen befasst. Kann dasselbige auch Anwendung finden auf Tiere, Menschen und kann es sogar auf mich selbst zutreffen?

Ist es insbesondere möglich, dass mein eigener Gedanke, meine Kopfschmerzen, meine Liebe oder meine Angst ebenfalls aus winzigen unsichtbaren, sich im leeren Raum bewegenden Teilchen bestehen? Ist es tatsächlich möglich, dass ich kein ganzheitliches Selbst bin, als welches ich mich wahrnehme, sondern eine Zusammenfassung von zahlreichen Bestandteilen?

Demokrits Antwort: Auch ich bestehe aus Atomen

Demokrit argumentiert, dass alles in der Natur aus Atomen zusammengesetzt sei, einschließlich der menschlichen Wesen, ihrer Gedanken, Gefühle und Erfahrungen. Obgleich heute nur noch wenige Bruchstücke seiner Schriften erhalten sind, haben etliche spätere Denker der Antike seine Theorie detaillierter erläutert.

Wie von Ihnen berichtet, war Demokrit der Ansicht, dass Wahrnehmungsqualitäten wie Farbe oder Geschmack lediglich „Gepflogenheiten" sind - mit anderen Worten: unwirkliche menschliche Meinungen, die nicht die Realität widerspiegeln. Wenn wir einen Gegenstand betrachten, ist unser Wahrnehmungsvermögen blind für die Atome, aus denen er besteht, und deshalb nehmen wir ihn als ein einheitliches, vollständiges Ding wahr mit bestimmten Eigenschaften wie Farbe oder Textur.

Darüber hinaus lassen sich nicht nur die Dinge, die wir wahrnehmen, sondern auch der Wahrnehmungsakt an sich durch Atome erklären. Bei der visuellen Wahrnehmung zum Beispiel treffen Bilder von der Oberfläche der Objekte die Augen, die aus einer dünnen Schicht von Atomen bestehen. Genauso ist Geschmack das Ergebnis von auf unterschiedliche Weise auf unsere Zunge einwirkenden verschiedenartigen Atomen. Auch andere geistige Zustände und Erfahrungssituationen wie das Denken, lassen sich ebenfalls durch Atome und ihre Bewegung erklären. Schlussendlich setzen sich auch die Seelen von Lebewesen aus Atomen zusammen.

Die Einzelheiten von Demokrits Thesen sollen uns hier nicht weiter interessieren. Aus Sicht der modernen Wissenschaft sind sie inkorrekt. Der grundsätzliche Kern ist jedoch wichtig: nicht nur physische Gegenstände um uns herum, sondern auch wir selbst und unsere Geisteszustände sind aus unsichtbaren, beweglichen Teilchen erschaffen.

Einige **Schlüsselbegriffe** *zum Nachdenken:*

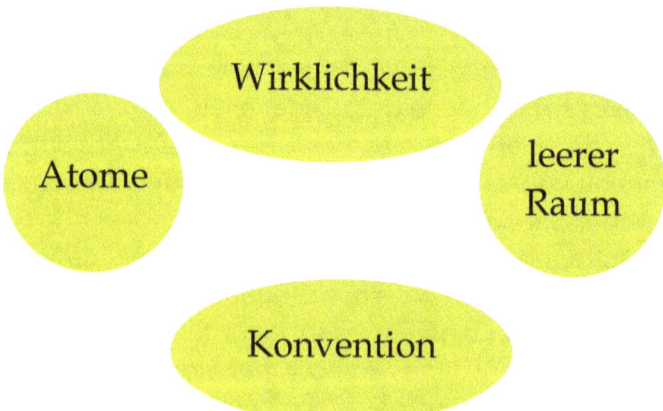

Kontemplation

Demokrits Auffassung scheint der Art und Weise zu widersprechen, wie wir uns selbst erleben. Normalerweise nehme ich mich als ein Ganzes, als Einheit, wahr, als eine einzelne Person und nicht als eine Anhäufung von gesonderten, sich umherbewegenden Bestandteilen. Außerdem fühlt sich jede meiner Erfahrungen für mich wie eine Einheit an sich, an. Mein Schmerz ist ein einheitliches, einzelnes Gefühl, keine Ansammlung sich bewegender Partikel; und das Gleiche gilt für meinen Juckreiz, meine Angst, meine Hoffnung, mein Geräuschempfinden - jedes dieser Gefühle erscheint als ein einheitliches Ganzes.

Demokrit sagt uns (vielleicht wie auch einige zeitgenössische Wissenschaftler), dass dies eine Illusion sei und dass ich tatsächlich nicht so einheitlich bin, wie ich zu sein scheine, sondern aus Atomen zusammengesetzt bin wie alles andere im Universum. Aber ist es wirklich möglich, dass ich mich so völlig in mir selbst täusche? Kann ich, der ich mich von innen heraus erlebe, aus der größtmöglichen hautnahen Perspektive, in einem Trugbild leben über das, was ich bin?

1. Text- Kontemplation

Um uns auf die folgenden beiden Texte kontemplativ einzulassen, wollen wir diese aufmerksam und viel langsamer als gewöhnlich lesen. Vielleicht mag unser Kopf ungeduldig erscheinen und möchte über die Worte fliegen, ohne sie richtig aufzunehmen. Wir versuchen diesem Bestreben zu widerstehen und stattdessen jedes Wort und jedes Bild auszukosten, mit Staunen zu betrachten und zu bemerken, welche Bedeutungen sie innehaben.[6]

> *Die Begriffe „farbig", „süß", „bitter" sind lediglich konventionell. In Wirklichkeit existieren nur die Atome und der leere Raum.*

Der folgende Text stammt von Aristoteles (der etwa drei Generationen nach Demokrit lebte), aus seinem Buch De Anima (Über die Seele). Hier erklärt er, dass Demokrit glaubte, die Seelen bestünden aus kleinen kugelförmigen Atomen und ihre Größe und Form erkläre, warum sie wie Atome von Feuer ständig in Bewegung seien:[7]

> *Deshalb erklärte Demokrit die Seele für ein Feuer und ein Warmes. Von den unzähligen Gestalten und Atomen galten ihm die kugelförmigen als das Feuer und als die Seele, gleich den sogenannten Stäubchen in der Luft, welche sich in den durch die Thüren eindringenden Sonnenstrahlen zeigen, und die er die Allbesamung und die Elemente der ganzen Natur nannte. Ähnliche Ansichten hatte Leukippos; Beide nahmen die kugelartigen Atome für die Seele, weil diese Gestalten durch ihre Bewegung am meisten die anderen durchdringen und zur Bewegung bringen können, und weil die Seele ihnen als das galt, was den lebenden Wesen die Bewegung gibt.*

2. Visuelle Kontemplation

Nachdem wir uns mit dem Grundgedanken Demokrits vertraut gemacht haben, wenden wir unsere Aufmerksamkeit nun der Zeichnung zu, die sich in diesem

Kapitel befindet. Lassen wir unsere Augen langsam über die Zeichnung gleiten. Wir halten inne bei jedem fesselnden Detail. Wir lauschen in uns, was es uns sagen könnte.

3. Thema-Kontemplation

Gleichgültig, ob die Atomtheorie richtig ist oder nicht, steht sie eindeutig im Widerspruch zu der Art und Weise, wie wir uns als ein einzelnes, einheitliches Selbst erleben. Was sagt mir die Tatsache, dass ich mich selbst als ganzheitliche Einheit erlebe, über mich selbst?

Die Saat der Kontemplation

Die folgende „Saat zur Kontemplation" vermag als Ausgangspunkt zur Kontemplation dienen. Wählen wir ein Beispiel davon aus (alternativ können wir ein eigenes erfinden) und lassen wir dieses wachsen und sich in unserem Geist entfalten.

a) Das Bild des **Sinnsuchers**: Mein Geist strebt danach, sich selbst einen Sinn zu geben und versucht von daher Wege zu finden - oder zu erdenken, die die Grundzüge meines Lebens zu einer sinnstiftenden Geschichte verbinden. Mein Geist ist der eines Sinnsuchers. Aus diesem Grunde erlebe ich mein Leben nicht als eine Sammlung eigenständiger Ereignisse und Aspekte, sondern als eine geschlossene Lebensgeschichte, die einer einzelnen Person widerfährt. Mit anderen Worten: Mein Kopf stellt meine Gedanken, meine Schmerzen, meine Handlungen und Gespräche als Aspekte eines einzelnen, in sich geschlossenen Selbst dar.

b) Das Bild des **Unternehmensleiters**: Ich bestehe aus einer großen Anzahl von Partikeln, aber es wäre nicht praktikabel, ja sogar unmöglich, sich all ihrer bewusst zu sein. Um mein Verhalten zu beherrschen, muss ich mir nur der Grundzüge meines Körpers, meines Geistes und meiner Umgebung gewahr sein, während ich ihre vielen Einzelheiten außer Acht lasse. Folglich bin ich mir der winzigen Teilchen, aus denen ich und meine Welt bestehen, nicht bewusst, lediglich ihrer Gesamt-Gestalt. Ich bin wie ein Unternehmensleiter, der sich dem umspannenden Tätigkeitsbereich im Unternehmen bewusst ist, aber nicht jedes einzelnen Arbeiters.

c) Das Konzept des **spirituell Suchenden**: Das Gefühl meiner selbst als Einheit ist das Ergebnis meines spirituellen Sehnens, Harmonie und Vollkommenheit im Leben zu finden - in mir selbst wie auch in der mich umgebenden Welt. Wie ein spirituell Suchender suche ich die Vollkommenheit, das Ganze. Deshalb erlebe ich oft Harmonie und Schönheit, wenn ich mich in der Natur befinde. Und deshalb erlebe ich mich selbst als ein ganzes, einheitliches Wesen.

Kapitel 7

Die Sophisten - Wahrheit ist relativ

Einführung

Im 5. Jahrhundert v. Chr. entwickelte sich im antiken Griechenland eine neue Art von Intellektuellen - die Sophisten. Es handelte sich um Denker, die sich als professionelle Pädagogen verdingten und öffentliches Reden, die Kunst des Argumentierens und ähnliche Themen lehrten. Es handelte sich dabei nicht um eine strukturierte Lehrmeinung oder Geistesrichtung, sondern um individuelle Denker, die auf die neuen gesellschaftlichen Bedingungen reagierten, die eine wachsende Nachfrage nach öffentlichen Aktivitäten und politischen Fähigkeiten mit sich brachten. Infolgedessen ging es ihnen weniger um die Wahrheit als um die Kunst des Überzeugens und sie waren weniger an der Entwicklung von Thesen als an der Fähigkeit interessiert, jede noch so absurd erscheinende Meinung argumentativ zu untermauern.

Das Wort „Sophist" stammt vom griechischen Wort „Sophia" - Weisheit -, hat aber aufgrund des Ansehens der Sophisten einen negativen Beigeschmack erhalten. Es legt nahe, es handle sich um jemanden, der Ideen verdreht zugunsten eines Argumentes.

> Die Sophisten stützten sich nicht auf eine anerkannte philosophische Lehrmeinung, aber es ist nicht überraschend, dass viele von ihnen glaubten, dass Wahrheit relativ sei.
> Einer der bekanntesten Sophisten war Protagoras (ca. 490-420 v.Chr.), dessen Auffassungen wir in diesem Kapitel untersuchen werden. Diogenes Laertius, der etwa sechs Jahrhunderte später lebte, schrieb: „Protagoras war der erste, der von seinem Schüler eine Bezahlung verlangte, in Höhe von hundert Minen. ... Seine Argumentation fußte er auf Worte und er war der Urvater der derzeitigen oberflächlichen und sinnlosen Art der Debatten."[8]

Reflektion: Ist die Wahrheit objektiv?

Im alltäglichen Leben sind wir uns oft über verschiedene Themen uneinig: Welcher Kandidat wäre der beste für das Amt des Präsidenten? Sollten Mörder die Todesstrafe erhalten? Wie verbreitet ist Rassismus in unserer Gesellschaft? Werden Frauen in der Geschäftswelt diskriminiert? In einigen dieser Fälle lässt sich feststellen, wer Recht hat und wer nicht - zum Beispiel durch sorgfältiges prüfen der Fakten oder dem zu Rate ziehen von zuverlässigen Quellen. Aber in vielen anderen Fällen scheint keine schlüssige Beweisführung für die eine oder andere Richtung möglich.

Besonders schwierig ist es, Meinungsverschiedenheiten in Fragen der Ethik, der Ästhetik, der Religion und ähnlicher Wertefragen zu beheben. In solchen Themen gibt es in der Regel kein neutrales, von allen Seiten akzeptiertes Verfahren, um zu ermitteln, wer Recht hat. Ein Argument, das der einen Seite überzeugend erscheint ist untragbar für die andere und solange beide Seiten keine Übereinkunft erzielen, wie die jeweiligen Argumente zu werten, einzuschätzen sind, kann es nicht zu einem gegenseitigen Einverständnis kommen.

Jeder von uns hat sich wahrscheinlich schon einmal in solchen scheinbar unlösbaren Auseinandersetzungen wiedergefunden. Doch was zeigt das? Bedeutet es einfach, dass eine Seite in der Debatte zu starrsinnig ist zuzugeben, dass sie im Irrtum ist? Oder dass es in Fragen von ethisch-moralischen Werten kein Richtig oder Falsch gibt? Müssen wir die Idee einer objektiven Wahrheit aufgeben und akzeptieren, dass das, was für mich wahr, ist für den anderen nicht zwangsläufig auch wahr sein muss?

Protagoras' Antwort: Wahrheit ist eine Frage des Standpunktes

Protagoras' Schriften sind verloren gegangen, aber aus den wenigen heute noch erhaltenen Kommentaren und Zitaten späterer Denker geht hervor, dass er in der Tat darauf beharrte, dass es insbesondere in Fragen der ethisch-moralischen Wertvorstellungen und der Politik keine objektive Wahrheit oder Unwahrheit gibt. Die Argumente, so Protagoras, die für eine bestimmte Weltanschauung sprechen, hätten ebenso ihre Berechtigung wie ihre entsprechenden Gegenargumente. Dementsprechend folgt, dass die Wahrheit mit keiner angemessenen Vorgehensweise ermittelt werden kann und daher Ansichtssache ist, mit anderen Worten von der Meinung jedes Einzelnen abhängt.

Das bedeutet jedoch nicht, dass alle Überzeugungen in gleichem Maße erstrebenswert sind. Auch wenn wir den Versuch aufgeben müssen, die objektive Wahrheit herauszufinden, so können wir dennoch versuchen zu ermitteln, welche Überzeugung zuträglicher ist. Obwohl es sich zum Beispiel feststellen lässt, ob Großzügigkeit in einem absoluten Sinne eine Tugend darstellt oder nicht, können wir dennoch der Frage nachgehen, ob Großzügigkeit ein zuträglicher Weg ist, um Zufriedenheit und Wohlergehen zu schaffen.

*Einige **Schlüsselbegriffe** zum Nachdenken:*

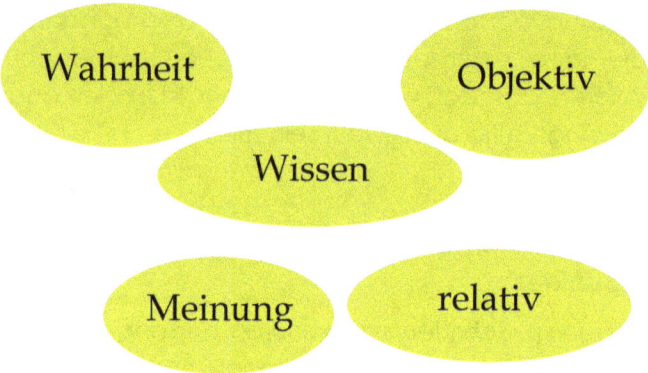

Kontemplation

In der heutigen Welt mag Protagoras' Standpunkt nicht überraschend erscheinen. So wie er vertreten viele Menschen in der heutigen Zeit die Ansicht, dass in Fragen der Wertvorstellungen durch rationale Argumentation nicht stichhaltig festgelegt werden kann wer im Recht ist. Und interessanterweise hält dies dennoch die meisten von uns nicht davon ab, über Wertvorstellungen zu streiten, und noch dazu recht leidenschaftlich oder sogar unerbittlich. Wir fühlen uns oft geradezu genötigt unsere Überzeugungen zu verteidigen, wenn sie kritisiert werden. Wir fühlen uns bedrängt, wenn unsere Werte belächelt werden. Wir fühlen uns verpflichtet, unseren Gegnern ihre Fehleinschätzungen aufzuzeigen und wir werden ungeduldig und hitzig in der Auseinandersetzung.

Es mag befremdlich erscheinen, wie aggressiv wir uns verhalten, obgleich wir nicht an das Vorhandensein einer objektiven, allgemeingültigen Wahrheit glauben. Offenbar gibt es etwas in uns, das gegen unsere relativistischen Aussagen aufbegehrt und die Vorstellung ablehnt, Wahrheit sei relativ. Unsere Wertvorstellungen scheinen nicht nur gegenstandslose Überlegungen zu sein, die untätig in unserem Kopf herumliegen, sondern sie drücken so etwas wie eine Kraft aus, die uns bestärkt mit Entschlossenheit und Hingabe zu handeln. Und das wirft die Frage auf: Wie sollten wir diese sonderbare Tatsache verstehen? Oder allgemeiner ausgedrückt: Was bedeutet es, Werten verpflichtet zu sein?

Um über diese Frage gedanklich tief in uns zu gehen, könnten wir uns ein persönliches Beispiel einer für uns bedeutungsvollen Wertgrundhaltung überlegen, die in uns eine ablehnende und streitbare Haltung aufgebaut hat.

1. Text- Kontemplation

Beim kontemplativen Denken sollte unser Geist frisch und wachsam sein und deshalb möglichst frei von automatischem Gedankengut und bereits bestehenden Meinungen. Stellen wir fest, dass wir unsere gängigen Meinungen wiedergeben, dann sind wir wahrscheinlich nicht wirklich in einem kontemplativen Geisteszustand.

Eine Möglichkeit dem Geist zu helfen, seine Offenheit zu wahren, besteht darin, seine normale Denkdynamik abzubremsen, um ihn so aus seinem gewohnten Gedankenmuster herauszuholen. Um über den folgenden kurzen Text kontemplativ nachzudenken, könnte man ihn aufmerksam und behutsam in ein Notizbuch übertragen, Wort für Wort langsam und in Schönschrift. Das langsame und sorgfältige Schreiben hat das Vermögen, den Geist aus seinem Routine-Impuls herauszuholen und ihn für unerwartete Erkenntnisgewinne zu öffnen. Man kann auch damit experimentieren, denselben Satz wieder und wieder zu schreiben.

Zum kontemplativen Nachdenken verwenden wir einen Text von Diogenes Laertius, einem Geschichtsschreiber griechischer Philosophen, der etwa sechs Jahrhunderte nach Protagoras lebte und wahrscheinlich Zugang zu einigen seiner Schriften und aufgezeichneten Aussagen hatte. Er zitiert Protagoras wie folgt:[9]

Es [gebe] zwei einander entgegengesetzte Aussagen über jegliche Sache.

Der Mensch ist das Maß aller Dinge, der seienden, daß sie sind, der nicht seienden, daß sie nicht sind.

Von den Göttern weiß ich nicht weder daß sie sind noch daß sie nicht sind; denn vieles hemmt uns in dieser Erkenntnis, sowohl die Dunkelheit der Sache wie die Kürze des menschlichen Lebens.

2. *Visuelle Kontemplation*

Setzen wir uns ruhig hin und betrachten die Zeichnung in diesem Kapitel, die Augen gleiten langsam und sanft über die unterschiedlichen Details. Wenn eine bestimmte Komponente der Zeichnung faszinierend erscheint, frage man sich, welche Aussage man ihr zum Thema Wahrheit und Relativität entnehmen kann.

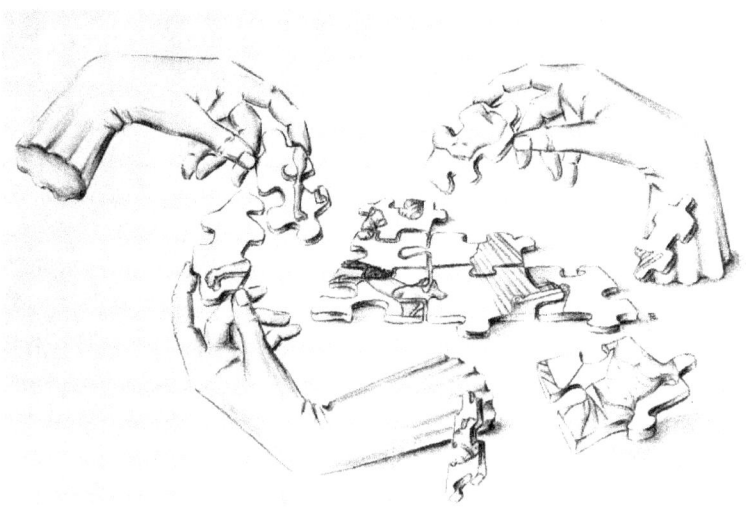

3. Thema-Kontemplation

Aussagen wie "alles ist relativ" gehören heute zum täglichen Umgang. Doch wie wir bereits festgestellt haben ist es nicht einfach, eine objektive Wahrheit von der Hand zu weisen, da sie den meisten von uns sehr am Herzen liegt. Für unsere Überzeugungen investieren wir in der Regel viel Mühe, Zeit und Geld und manchmal riskieren wir für sie sogar unser Leben. Offensichtlich betrachten wir unsere Wahrheiten nicht nur als eine Frage des austauschbaren persönlichen Geschmacks. Aber wie dann nehmen wir sie wahr? Wie erlebe ich „meine Wahrheit" und was bedeutet sie für mich?

Die Saat zur Kontemplation

Zum kontemplativen Nachdenken über dieses Thema, dient uns einer der folgenden „Keimlinge zur Kontemplation" als Ausgangspunkt der gezielten inneren Auseinandersetzung.

a) Die Metapher des **Anspruchs aus dem Inneren**: Ich erlebe meine Wahrheit nicht als eine leblose Idee, die ich nach Belieben annehmen oder verwerfen kann, sondern als ein an mich gerichteter reger, tatkräftiger Anspruch. Wenn ich wirklich von einer moralischen Wertvorstellung überzeugt bin, spüre ich, dass sie mich dazu aufruft, ihr treu zu sein, sie drängt mich dazu sie zu verteidigen, sie im Kopf zu behalten und vielleicht auch anderen darzulegen. Ich kann ihr nicht gleichgültig gegenübertreten und selbst wenn ich beschließe sie zu verstecken, verlangt mir dies eine besondere innere Anstrengung ab, bringt Unschlüssigkeit oder Schuldgefühle mit sich.

b) Die Metapher **des Hüters**: Wenn ich eine Wertvorstellung zu meiner Wahrheit ernenne, erfasse ich sie als etwas Kostbares, das mir anvertraut wurde. Mit dieser Zustimmung bin ich bereit, sie zu hüten und zu pflegen wie ein edles Tier oder eine mir anvertraute Blume. Von nun an bin ich ihr Beschützer und persönlich verantwortlich sie zu behüten.

c) Das Konzept **der Treue**: Meine persönliche Wertvorstellung ist nicht nur eine Meinung, sondern ein Ideal, dem ich treu bin. Wenn ich nur abstrakt an eine Wertvorstellung glaube, ohne jegliche Hingabe oder Begeisterung, dann ist dieser Glaube noch keine persönliche Wahrheit. Eine persönliche Wahrheit ist eine Vision, die mich beseelt und inspiriert und mich somit motiviert, ihr loyal zu sein.

TEIL B

DIE ATHENER PHILOSOPHEN

Das antike Griechenland war kein einheitliches Land, sondern in eine Reihe von Stadtstaaten unterteilt, von denen jeder seinen eigenen Herrscher hatte. Im fünften Jahrhundert v. Chr. erlangte der Stadtstaat Athen die Vorherrschaft in der griechischen Welt hinsichtlich Wohlstandes, Macht und Kultur. Drei bedeutende Philosophen brachte das antike Athen des fünften und vierten Jahrhunderts hervor: Sokrates, sein Schüler Platon und Platons Schüler Aristoteles (der in Makedonien im Norden Griechenlands geboren wurde, aber nach Athen kam, um bei Platon zu studieren). Gleichwohl ihre Philosophien sich deutlich voneinander unterscheiden, übten sie über viele Jahrhunderte hinweg einen tiefgreifenden Einfluss auf das westliche Denken aus, insbesondere im Mittelalter und der Renaissance. Sie sind aus der Geschichte der westlichen Philosophie nicht wegzudenken.

Kapitel 8

Sokrates – Der Seele mehr Achtsamkeit

Einführung

Sokrates (470-399 v. Chr.) war ein bedeutender Philosoph des antiken Griechenlands, der einen tiefgreifenden Einfluss auf die Geschichte der westlichen Philosophie hatte. Er ist uns vor allem durch die Schriften seiner Schüler Platon und Xenophon sowie durch Aristophanes' Theaterstücke bekannt. Er lebte in Athen und hatte die Angewohnheit, die Menschen, denen er begegnete, in philosophische Gespräche zu verwickeln. Er hinterfragte ihre Überzeugungen in Bezug auf bestimmte Prinzipien - Mut, Tugend usw. - und bat sie um eine Erklärung dieses Prinzips. Durch einen Fragen-und-Antworten Dialog machte er ihnen deutlich, dass sie nicht wussten, was sie zu wissen glaubten.

Eines Tages wurde Sokrates von der Athener Obrigkeit der Verführung der Jugend und der Gottlosigkeit bezichtigt, nach einem kurzen Prozess für schuldig befunden, zum Tode verurteilt und ins Gefängnis gesteckt. Er lehnte die Pläne seiner Freunde zu Fluchtversuchen ab und seine Hinrichtung erfolgte durch Einnahme von Gift. Seine treu ergebenen Schüler, unter ihnen jener junge Mann, der später der große Philosoph Platon werden sollte, hielten seine Weisheit und Integrität in Ehren.

> Da Sokrates nichts Schriftliches verfasst hat, werden wir uns in diesem Kapitel auf das konzentrieren, was sein Schüler Platon in seiner Abhandlung *Apologie des Sokrates* geschrieben hat, die den Prozess und die Hinrichtung seines Lehrers dokumentiert. Hier schildert Platon die Selbstverteidigungsrede des Sokrates vor dem Athener Gericht, das ihn zum Tode verurteilte.

Reflektion: Wie soll ich mich um meine Seele kümmern?

Anders als die meisten Menschen bemühte sich Sokrates nicht um Wohlstand, Ruhm, politische Macht oder gar Luxus und Sorglosigkeit. Wie er in seiner Verteidigungsrede in Platons Apologie erklärte, sei es wichtiger, sich um seine Seele zu kümmern als um alles andere. Seltsamerweise, so stellt er fest, kümmern sich die meisten Menschen um ihr Geld, ihren Körper oder ihren Ruf, wohingegen sie ihre Seele vernachlässigen.

Was bedeutet es also, seiner Seele Achtsamkeit zu schenken? Und warum ist dies so wichtig?

Sokrates' Antwort: Erkenne dich selbst

Für Sokrates bedeutet es sich um seine Seele zu kümmern, wenn man dafür Sorge trägt, ein lebenswertes Leben zu führen. Mit anderen Worten, ein ethisches Leben, ein Leben der Rechtschaffenheit, der Angemessenheit und der Vernunft.

Um dies zu erreichen, muss man sich jedoch mit sich selbst auseinandersetzen und sich selbst erforschen. Denn ein sinnvolles Leben zu führen ergibt sich nicht von selbst. Im Gegenteil, wir neigen automatisch dazu oberflächliche Vergnügungen zu suchen, blindlings der Masse zu folgen, unreflektiert nach gesellschaftlichen Normen zu handeln. Ein lebenswertes Leben zu führen, erfordert Wissen und Selbsterkenntnis.

Um auf die eigene Seele zu achten, muss man sich also selbst erforschen, insbesondere die eigenen Überzeugungen und Glaubenssätze, auf denen sie basieren. Man kann nicht einfach als gegeben hinnehmen, dass die verinnerlichten Ideale und Wertvorstellungen richtig seien. Man kann nicht einfach davon ausgehen, dass unsere automatischen Neigungen, unser Gespür oder gesunder Menschenverstand glaubwürdig sind. Man kann sich nicht darauf verlassen, dass das augenscheinlich Richtige auch wirklich richtig ist. Wir müssen unseren Verstand einsetzen, unsere Lebensvorstellungen hinterfragen und kritisch prüfen: Was ist Tugend, Rechtschaffenheit? Was bedeutet es, aufrichtig oder beherzt zu sein? Was ist Gerechtigkeit? Und so weiter.

Achtsamkeit für die eigene Seele erfordert Selbstprüfung und deshalb sagt Sokrates in der Apologie: „Das unerforschte Leben ist nicht lebenswert". Um eine solche Selbstprüfung geht es in der Philosophie. Sich selbst zu erforschen heißt philosophieren.

Einige **Schlüsselbegriffe** *zum Nachdenken:*

Kontemplation

Für Sokrates erfordert der einfühlsame Umgang mit der Seele eine Selbsterkundung, da könnten wir uns nun fragen, was genau mit Selbsterkundung gemeint ist. Es gibt verschiedene Möglichkeiten zur Erkundung des Selbst: die Erkundung des Gefühlslebens, die Prüfung der eigenen Ansichten und wie berechtigt sie sind, die Erforschung der eigenen Wurzeln unserer Kindheit in Bezug auf unser Verhalten usw. Welche Art der Selbsterforschung ist am besten geeignet, ein lebenswertes Leben voranzubringen? Oder wenn sie alle von Bedeutung sind, sind sie dann auf gleiche Weise wichtig oder sind einige wesentlicher als andere?

Sokrates befürwortet eine verstandesmäßige Prüfung der eigenen Grundhaltung. In seinen Gesprächen fordert er seinen Gesprächspartner in der Regel heraus, eine Anschauung zu formulieren, und unterzieht dann die vorgeschlagene Auslegung einer rationalen Prüfung. Hier können wir uns natürlich fragen: Ist eine rationale Prüfung allgemeinen Gedankengutes ein sinnvolles Mittel, sich selbst zu verstehen und sorgsam mit der eigenen Seele umzugehen? Wäre eine persönlichere Art der Selbsterforschung nicht sinnvoller?

Um über diese Frage gedanklich tief ins uns zu gehen, können wir unsere eigenen Lebenserfahrungen zu Rate ziehen. Wir können Sokrates nur dafür danken, dass er diese Thematik so kraftvoll dargelegt hat, aber jetzt sind wir an der Reihe, unsere eigene Auslegung herauszuarbeiten, was es heißt, uns selbst konstruktiv zu erforschen.

1. Text-Kontemplation

Lesen wir Sokrates' Worte langsam und behutsam, nehmen sie aufmerksam in uns auf. Versuchen wir, Sokrates' Verständnis von der Achtsamkeit für die Seele und der Selbsterforschung auszumachen und überlegen, wie erfolgsversprechend diese Grundidee sein könnte.

Der folgende Text stammt aus Platons *Apologie*, die Sokrates' Verteidigungsrede in seinem Prozess dokumentiert:[10]

> ... und so lange ich noch atme und es vermag, werde ich nicht aufhören nach Weisheit zu suchen und euch zu ermahnen und zu beweisen, wen von euch ich antreffe, mit meinen gewohnten Reden, wie bester Mann, als ein Athener aus der größten und für Weisheit und Macht berühmtesten Stadt, schämst du dich nicht für Geld zwar zu sorgen wie du dessen aufs meiste erlangest, und für Ruhm und Ehre, für Einsicht aber und Wahrheit und für deine Seele, dass sie sich aufs beste befinde sorgst du nicht und hierauf willst du nicht denken?
>
> Und wenn jemand unter euch dies leugnet, und behauptet er denke wohl darauf, werde ich ihn nicht gleich loslassen und fortgehen, sondern ihn fragen und prüfen und ausforschen. Und wenn mich dünkt er besitze keine Tugend, behaupte es aber, so werde ich es ihm verweisen, dass er das wichtigste geringer achtet und das schlechtere höher. So werde ich mit Jungen und Alten, wie ich sie eben treffe verfahren und mit Freunden und Bürgern, um soviel mehr aber mit euch Bürgern, als ihr mir näher verwandt seid.
>
> ...

> Und wenn ich wiederum sage, dass ja eben dies das größte Gut für den Menschen ist, täglich über die Tugend sich zu unterhalten, und über die anderen Gegenstände, über welche ihr mich reden und mich selbst und andere prüfen hört, ein Leben ohne Selbsterforschung aber gar nicht verdient gelebt zu werden, das werdet ihr mir noch weniger glauben, wenn ich es sage. Aber gewiss verhält sich dies so, wie ich es vortrage, Athener, nur euch davon zu überzeugen ist nicht leicht.

2. Visuelle Kontemplation

Vergegenwärtigen wir uns die Idee des Sokrates, achtsam mit der eigenen Seele umzugehen und wenden uns dann der sorgfältigen Betrachtung der Zeichnung zu, die wir in diesem Kapitel finden. Wir wollen ein Gefühl für ihre übergreifende Gestaltung und Aussage bekommen. Achten wir auf bestimmte Details, die uns fesseln oder aussagekräftig erscheinen.

3. Thema-Kontemplation

Wie bereits erwähnt, bemüht sich Sokrates' Methode zur Selbstuntersuchung einer verstandesmäßigen Logik, und man könnte sich fragen, ob dies das beste Mittel ist sich selbst zu vervollkommnen. Die Prüfung einer allgemeinen Begriffsbestimmung von Tugend zum Beispiel wird mir nicht viel über meinen eigenen persönlichen Weg zu tugendhaftem Verhalten sagen können.

Allgemeiner ausgedrückt: Wenn es unser Ziel ist, unser Leben wertvoller zu gestalten, dann ist nicht jede Methode der kritischen Selbstprüfung gleich sinnvoll. Unsere Frage zum kontemplativen Denken lautet also: Welche Art der

Selbstuntersuchung kann uns am besten helfen, unsere Lebensweise umzugestalten?

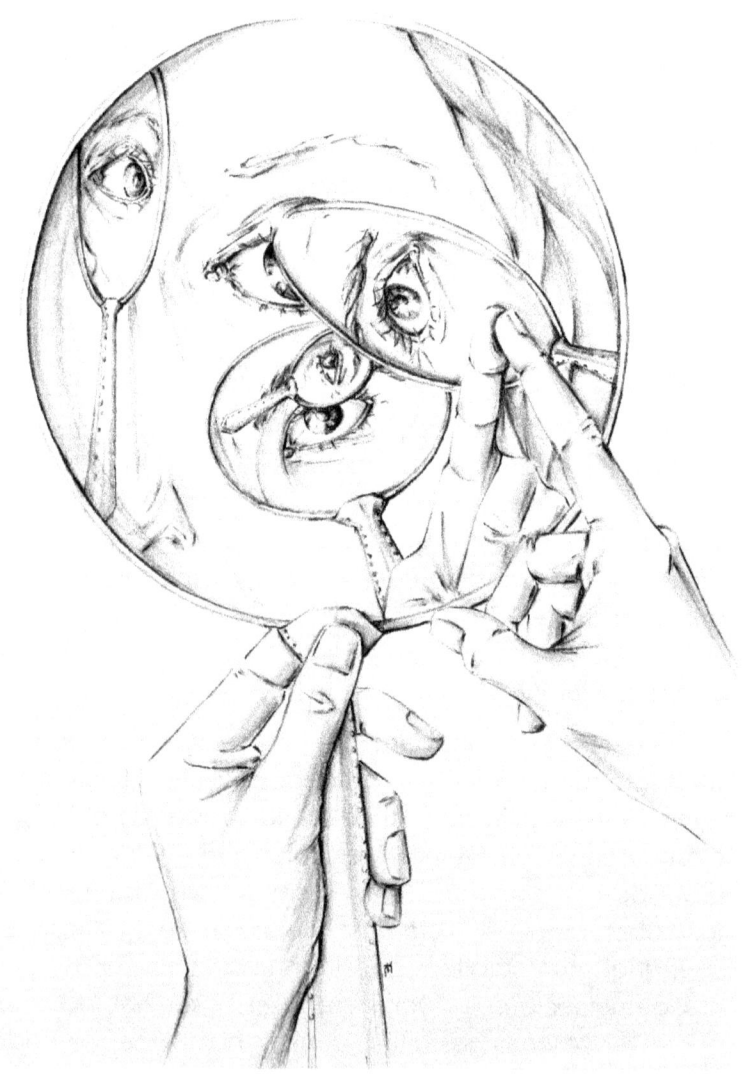

Die Saat zur Kontemplation

Um auf diese Frage kontemplativ einzugehen, können wir einen der folgenden Keimlinge zur Kontemplation verwenden:

a) Das Konzept der **Anregung zur Selbstveränderung**: Die Prüfung meiner selbst kann mir dabei helfen mich selbst zu verändern, wenn sie nicht nur unpersönliche Informationen über mich selbst freisetzt, sondern auch eine Anregung zur Veränderung gibt. Dies kann eintreten, wenn meine Auseinandersetzung mit mir selbst in meinem Kopf eine Erkenntnis auslöst, die mich erfasst, aufschüttelt, beeindruckt oder mit einem Sehnen erfüllt und mich auf diese Weise anregt, mich zu verändern.

b) Die Metapher **des Erforschers meines Inneren**: Bei einer verstandesmäßigen Art der Selbstprüfung, wie sie Sokrates vorschlägt, nutze ich den intellektuellen Teil meines Geistes. Aber es gibt noch andere Bereiche meines Kopfes, die ebenfalls dem Erforschen dienen können, vielleicht sogar wirkungsvollere. Wenn ich zum Beispiel die Erkundung meiner selbst mit jener Dimension meines Denkens durchführe, die auf Erfahrung beruht oder auf der spirituellen Ebene meines Geistes, ist die daraus resultierende Selbsterkenntnis wahrscheinlich tiefer und wirkungsvoller.

c) Das Konzept der **Erkenntnis durch Liebe**: Bei der vernunftbezogenen Auseinandersetzung mit mir selbst untersuche ich mich durch Nachdenken und Überlegungen. Andernfalls kann ich auch das Mittel der Liebe zur Erforschung einsetzen. Auch Liebe hat eine Feinsinnigkeit, die als Erkenntnismethode dienen kann. Wenn ich mich liebevoll auf das Leben einlasse, finde ich durch die Erfahrung der Liebe etwas über mich selbst heraus, so wie meine Finger die Form eines Gegenstandes durch die Erfahrung der Berührung erkennen.

Kapitel 9

PLATON - DIE LEITER DER LIEBE

Einführung

Platon (ca. 428-347 v. Chr.) ist zweifelsohne einer der größten Philosophen in der Geschichte des abendländischen Denkens. Er wuchs im antiken Athen auf und wurde als junger Mann ein Schüler von Sokrates. Nach dem Tod von Sokrates gründete er eine Schule, die als „Akademie" bekannt wurde und Hunderte von Jahren Fortbestand hatte. Zu Platons Schülern gehörte auch der große Philosoph Aristoteles. Viele von Platons Büchern sind bis heute erhalten geblieben, im Gegensatz zu den Schriften anderer antiker Philosophen, die verloren gingen. Er schrieb sie oft in Form eines Dialogs, indem er seine Ideen in Sokrates' Mund legte. Platons Schriften hatten großen Einfluss auf spätere Denker, insbesondere im Mittelalter und der Renaissance.

Das Herzstück von Platons Philosophie vertritt die These, dass die Welt der Objekte der Sinneserfahrung nur ein Schatten einer höheren Wirklichkeit darstelle. Sie könne nur durch eine höhere Form des intuitiven Verstehens, der unmittelbaren Erkenntnis erfasst werden.

Unsere Seele sehne sich nach einer höheren Wirklichkeit, wo die sinnlich wahrnehmbare Gegenstandswelt überwunden ist. Gegenständliche Dinge - Bäume, Tiere, Steine, Häuser, Körper, etc. - haben für ihn einen niedrigen Rang auf der Ebene der Wirklichkeit, weil sie unvollkommene Kopien der idealen Formen, der „Ideen" sind.

Die dreieckige Form eines Daches zum Beispiel ist alles andere als perfekt - seine Seiten sind krumm und auch dicker als präzise Linien. Es ist nur deshalb ein Dreieck, weil es der idealen Form eines Dreiecks ähnelt. Die Schlussfolgerung ist, dass physische Gegenstände weniger wirklich sind als perfekte Formen oder Ideen. Unsere Gegenstandswelt als Ganzes ist nur eine unvollkommene Kopie der vollkommenen Welt der Ideen.

Es gibt viele vollkommene Ideen - die Idee eines Dreiecks, die Idee eines Pferdes und so weiter, aber die höchste von allen ist die Vollkommenheit selbst. Das ist die Idee des Guten, der Wahrheit, der Schönheit oder das, was Plato „das Eine" nennt. Unser Sehnen nach dieser Vollkommenheit ist der platonische „Eros", der uns antreibt, nach oben zu streben. Er animiert uns auch zum Philosophieren, denn die Philosophie soll uns zu höheren Ebenen des Verständnisses führen, zu dem Einen, das wir lieben. In diesem Sinne ist die Philosophie die Kunst des Liebens.

Reflektion: Was ist Liebe?

Platons Auffassung von Liebe wird am besten in seinem Text Das Symposion verdeutlicht, in dem ein Gastmahl beschrieben wird, bei dem jeder Teilnehmer eine Rede zur Ehre des Eros (der Liebe) halten soll. Sokrates ist einer von ihnen und auch er hält eine Rede. Die von ihm zum Ausdruck gebrachte Meinung stammt offensichtlich von Platon, wobei die Figur des Sokrates lediglich als literarisches Instrument dient.

In seiner Rede erklärt „Sokrates", dass das Wesen der Liebe das Verlangen nach vollkommener und ewiger Schönheit sei. Demgegenüber handele es sich bei der objektbezogenen Liebe - zu Männern oder Frauen, zu Gold, zu Wein usw. – um eine untere Ebene der Liebe, die nach niederen, unvollkommenen Formen der Schönheit strebt. Diese niederen Formen der Liebe scheiterten darin, das Begehren unserer Seele nach Vollkommenheit vollständig zu sättigen.

Aber hier drängt sich die Frage auf: Hat Platon recht hat und wir sehnen uns nach absoluter Vollkommenheit, wie sind dann übliche Formen von Liebe überhaupt denkbar? Im täglichen Leben lieben wir gewöhnliche Menschen, Haustiere, Blumen, Speisen, die als körperliche Gegenstände Fehler und Nachteile besitzen. Die Dinge, die wir normalerweise lieben, sind nicht vollkommen, schon gar nicht uneingeschränkt und immerwährend. Wie ist es dann überhaupt möglich sie zu lieben?

Allgemeiner ausgedrückt: Welches Verhältnis besteht zwischen unserer gewöhnlichen Liebe zu gewöhnlichen Dingen und unserer Liebe zu vollkommener Schönheit?

Platons Antwort: die Spiegelung der Vollkommenheit

Für Platon ist vollkommene Schönheit der Urquell gegenständlicher Schönheit, die wir in der gegenständlichen Welt wahrnehmen. Obwohl körperliche Gegenstände keine vollkommene Schönheit in sich tragen, sind wir doch dazu in der Lage vollkommene Schönheit durch sie bis zu einem gewissen Grad zu spüren. Die unvollständige Schönheit eines Körpers spiegelt verhalten eine vollkommene Schönheit wider, so wie eine schmutzige blaue Hose ein unverfälschtes reines Blau widerspiegelt. Oder die Zeichnung eines Dreiecks im Sand - trotz ihrer Ungenauigkeit - die Vorstellung von einem perfekten geometrischen Dreieck ausdrückt. Ebenso ähnelt die Schönheit eines Gesichts oder einer Blume der Schönheit selbst.

Das bedeutet, dass es verschiedene Ebenen der Wirklichkeit gibt: Es gibt das Wesen des Dreiecks auf einer niedrigeren oder unvollkommenen Ebene und das Wesen des Dreiecks auf einer höheren oder vollkommenen Ebene, ebenso gibt es ein niedriges unvollkommenes Wesen des Vierecks und ein hohes vollkommenes Wesen des Vierecks, es gibt ein niedriges Wesen des Pferdes und ein hohes Wesen des Pferdes; und ebenso eine niedrigere Schönheit und eine höhere Schönheit.

Damit wird die Wirklichkeit auf unterschiedlichen Ebenen der Vollkommenheit oder Wirklichkeit strukturiert. Die körperlichen Gegenstände, die wir um uns herum wahrnehmen, bewegen sich auf einem niedrigeren Niveau der Wirklichkeit, doch ähneln oder spiegeln sie eine höhere, nicht gegenständliche Wirklichkeit. Wenn wir einen „niedrigen" körperlichen Gegenstand lieben - ein bestimmtes Gesicht, ein bestimmtes Hemd oder ein Gemälde – so liegt die Anziehungskraft dieser in der sich in ihnen widerspiegelnden vollkommenen Schönheit. Glauben wir ein Paar Schuhe im Schaufenster zu lieben, liebt unsere Seele in Wirklichkeit die Vollkommenheit selbst. Es ist das Sehnen nach der höchsten Ebene von Schönheit und Wirklichkeit, die Plato „Das Eine" nennt.

Wenn dem so ist, dann thematisieren wir nicht mehr die Liebe als eine bestimmte sinnlich erfahrbare Empfindung, sondern das Wesen der Wirklichkeit selbst ist Mittelpunkt der Auseinandersetzung. Wir befassen uns nicht bloß mit menschlicher Psychologie, sondern mit Metaphysik!

*Einige **Schlüsselbegriffe** zum Nachdenken:*

Kontemplation

Inwiefern ist Platons große metaphysische Vision relevant für unser tägliches Leben? Bedeutet sie, dass einige Dinge in unserem Leben auf einer höheren Ebene befindlich und es wert sind, geliebt zu werden, während andere sich auf einer niedrigeren befinden und somit ist unsere Liebe zu ihnen geringer und weniger wertig? Und wenn dem so ist, bedeutet dies, dass wir versuchen sollten, auf unsere Liebe für „minderwertige" Dinge wie Essen und körperliche Freuden zu verzichten und stattdessen versuchen sollten, höhere Formen der Liebe zu entwickeln?

Um Antworten auf diese Fragen zu finden, wollen wir uns gedanklich kontemplativ Platons Idee zuwenden. Das Ergebnis mag wohl nicht unbedingt seinen ursprünglichen Bestrebungen gerecht werden, aber geschichtshistorische Genauigkeit ist nicht unsere Zielsetzung in diesem Buch. Wir suchen den Dialog mit großen Denkern und bedienen uns ihrer Gedankenentwürfe als Denkansatz für unsere eigenen Erkenntnisse.

1. Text- Kontemplation

In seinem *Symposium* beschreibt Platon den Weg der Liebe, von der niedrigsten Stufe der Liebe - der Liebe zu einem bestimmten körperhaften Objekt - bis zur höchsten Stufe der Liebe, der Liebe zum Schönen an sich. Platon legt die Worte in den Mund von Sokrates (als literarisches Mittel, seine eigenen Ideen auszudrücken), der wie verlautet schildert, was ihn eine weise Frau aus Mantineia gelehrt hatte.

Die folgenden Auszüge beschreiben die letzte Stufe der Liebe zum ewiglich Schönen selbst. Um gedanklich tief mit ihnen in Verbindung zu treten, lesen wir den Text ruhig und aufmerksam, indem wir seine Worte und Bilder würdigen und sie in uns sprechen lassen.[11]

> *Wer nämlich bis hierher in der Liebe geleitet worden ist, indem er in richtiger Folge und Art das Schöne betrachtete, der wird endlich, am Ziele dieses Weges angelangt, plötzlich ein Schönes von wunderbarer Natur erblicken, und dies ist gerade dasjenige, mein Sokrates, zu dessen Erreichung alle früheren Mühen verwandt wurden. Zuvörderst ist es ein beständig Seiendes, was weder wird noch vergeht und weder zunimmt noch abnimmt, sodann nicht nach der einen Seite schön, nach der anderen unschön ... sondern als rein in sich und für sich und ewig sich selber gleich ...*

... wenn man um dieses Schönen willen von jenem vielen Schönen ausgeht und so stufenweise innerhalb derselben immer weiter fortschreitet, von einem zu zweien zu allen schönen Körpern, und von den schönen Körpern zu den schönen Lebensnotwendigkeiten, und von den Lebensnotwendigkeiten zu den Erkenntnissen, bis man innerhalb der Erkenntnisse bei jener Erkenntnis endigt, die von nichts anderem als von jenem Schönen selber die Erkenntnis ist, und so schließlich das allein wesenhafte Schöne erkennt.

„*Auf dem Höhepunkt dieses Lebens, o mein Sokrates*", *fuhr die Seherin Mantineia fort, „auf welchem er das Schöne selbst betrachtet, hat das Leben des Menschen, wenn irgendwo, einen wahrhaften Wert. Wenn du dies Schöne einstmals erblicken solltest, dann wird es dir nicht mit der Schönheit des Goldes und der Kleidung und mit schönen Knaben und Jünglingen vergleichbar erscheinen, bei deren Anblicke du jetzt außer dir gerätst ..."*

2. Visuelle Kontemplation

Betrachten wir das Bild in diesem Kapitel eingehend um wahrnehmen zu können, wie jedes der verschiedenen Elemente in ihm zum Ganzen beiträgt. Schenken wir dem nach oben gerichteten Bildaufbau Aufmerksamkeit und werden wir uns dessen bewusst, was dieses sagt.

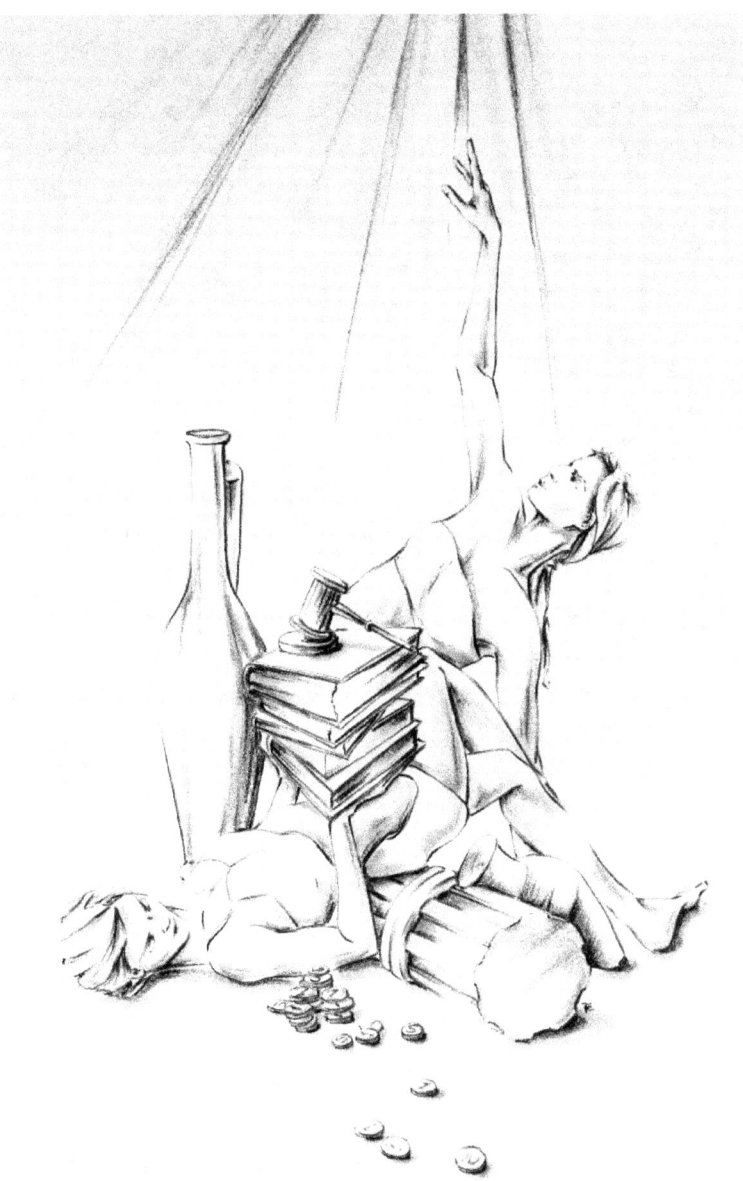

3. Thema-Kontemplation

Platon zufolge gewinnen wir auf dem Weg zum absolut Schönen an Weisheit. Jeder Schritt auf der Leiter der Liebe beflügelt uns zu einem höheren Verständnis des Schönen. Wie er in obigem Zitat sagt: „...und [man] so schließlich das allein wesenhafte Schöne erkennt".

Welche Art von Wissen oder Weisheit ist das? Wie würde es sich in unserem Verhalten, unserer Geisteshaltung, unserer Haltung zum Leben ausdrücken?

Die Saat der Kontemplation

Verwenden wir einen der folgenden Anregungen als Denkansatz für unsere kontemplativen Überlegungen.

a) Die Metapher der **erweiterten Horizonte**: Wenn wir die Allgemeingültigkeit des Schönen erfassen, wie sich dieses Schöne in allen schönen Dingen widerspiegelt, dann ist unser Geist nicht mehr gefesselt von diesem oder jenem konkreten Objekt. Wir nehmen die Welt nicht mehr länger im Zusammenhang mit unseren unzusammenhängenden Erfahrungen wahr. Unser Geist wächst, womit wir in permanentem Bewusstsein der erweiterten Wirklichkeitshorizonte leben.

b) Die Metapher eines **höheren Selbst**: Nach der Erfahrung eines höheren Schönen, werden uns unbedeutende Anliegen und ein banaler Zeitvertreib nicht mehr animieren. Unser wohlbekanntes kleines Selbst hat sich darüber erhoben, und wir beginnen, von einem höheren Selbst heraus zu leben. Unsere Gedanken, Empfindungen und Wünsche kommen aus einer höheren Quelle zu uns - aus einem höheren Bewusstsein heraus, das die größeren Belange zu schätzen weiß.

c) Die Metapher eines *nach Hause kehrenden Reisenden*: Nach der Erfahrung des absolut Schönen, kehren wir zurück zu unserem kleinen Selbst und unseren individuellen Sorgen. Aber wir sind nicht mehr so wie zuvor. Wie der Einwohner eines Dorfes, der nach einer langen Reise um die Welt nach Hause zurückkehrt, sind wir anders als diejenigen, die ihr kleines Dorf nie verlassen haben. Wir wissen es jetzt. Wir mögen wie ein gewöhnlicher Dorfbewohner erscheinen, aber innerlich sind wir weiser und wir verspüren oft ein Sehnen und eine Unvollkommenheit sowie größere Empfindungen, die sich unsere Mitbewohner nicht einmal vorstellen können.

Chapter 10

ARISTOTELES – GEDEIHEN

Einführung

Aristoteles (384-322 v. Chr.) war einer der bedeutendsten Philosophen in der Geschichte der abendländischen Philosophie. Er wurde in Makedonien geboren, ging als junger Mann nach Athen, um bei Platon zu studieren und wurde später Privatlehrer von Alexander dem Großen. Seine Werke sind methodisch, meist in Form von Vorlesungsmitschriften verfasst und decken praktisch alle Wissensgebiete ab, die es zu der damaligen Zeit gab. Er schrieb über Metaphysik, Kosmologie, Physik, Mathematik, Biologie, Psychologie, Ethik, Politik und Wirtschaft, Ästhetik, Musik, Dichtungstheorie und Theater, und diese Schriften waren für viele nachfolgende Jahrhunderte elementar. Unter anderem entwickelte er die erste methodische Theorie über Ethik und er erfand ein System der formalen Logik, welche die Philosophie bis in die Neuzeit hinein prägte.

In deutlichem Gegensatz zu seinem Lehrer Platon glaubte Aristoteles nicht an höhere Ebenen der Wirklichkeit (wie Platons „Ideen"). Seine Philosophie ist eher auf das Diesseits ausgerichtet, ausgerichtet auf gezielte Aspekte des Lebens oder der Wirklichkeit und erforscht deren Struktur systematisch, manchmal auf Grundlage nachweislicher, empirischer Beobachtungen.

Die folgende Erörterung konzentriert sich auf den Anfang von Aristoteles' Nikomachischer Ethik, einer wichtigen Abhandlung über die Grundsätze der Ethik. Hier erörtert Aristoteles den Begriff „Eudaimonie", der aus dem Griechischen mit Glückseligkeit oder Gedeihen und Blüte übersetzt werden kann.

Reflektion: Was ist das Ziel des Lebens?

Aristoteles' Schriftwerk *Nikomachische Ethik* beginnt mit der Frage: Was ist das Ziel unseres Handelns im Leben?

All unser Tun, ist auf ein Ziel ausgerichtet - auf das „Gute", das wir erstreben. Aber einige unserer Ziele sind nicht in sich selbst wichtig, sie sind nur Mittel für andere Ziele. Zum Beispiel kauft man ein Auto nicht, um ein Auto zu besitzen, sondern um sich fortzubewegen oder vielleicht, um seine Freunde zu beeindrucken - was an sich dazu dient sich wichtig zu fühlen. Aber diese Kette von „ich mache etwas um zu" kann nicht ewig weitergehen. Es muss ein Endziel geben, das nicht nur ein Mittel zum Zweck des Erreichens von etwas anderem ist, sondern das um seiner selbst willen gut ist. Das ist das Endziel all unserer Aktivitäten im Leben.

Was ist dieses letzte Ziel - das höchstmöglich Gute, das wir durch unser Handeln zu erreichen hoffen?

Aristoteles' Antwort: Glückseligkeit (Eudaimonie)

Aristoteles antwortet, Eudaimonie oder Glückseligkeit ist das höchstmöglich anstrebbare Gute, das Endziel unseres Handelns (wenn dieses dem rationalen, vernunftbezogenen Element folgt). In der Tat ist Glückseligkeit um ihrer selbst willen gut - es macht keinen Sinn zu fragen: „Warum willst du glücklich sein?" Nun, ich will glücklich sein, weil ich glücklich sein will!

Aber hier müssen wir genau sein. Mehrere Dinge sind dabei zu bemerken:

Erstens ist Eudaimonie nicht wirklich Glück, im Sinne von „Glück" als angenehmes persönliches Gefühl. Es bedeutet genauer gesagt: Blühen und Gedeihen. Was wir im Leben anstreben, ist nicht das bloße Sich-gut-Fühlen um jeden Preis. Würden wir ein glücklicher Mörder oder ein glücklicher Idiot sein wollen?

Es geht vielmehr um das Blühen oder Gedeihen wie ein Baum gedeiht. Gute Gefühle sind ein Teil von Eudaimonie, aber eben nicht alles.

Dies führt zu einem zweiten Aspekt: Eudaimonie oder Glückseligkeit ist kein vorübergehender Zustand. Es reicht nicht aus, sich zwei Minuten lang gut zu fühlen, um als glücklicher Mensch zu gelten. Glückseligkeit ist ein Zustand, der sich über einen langen Zeitraum oder sogar ein ganzes Leben erstreckt.

Drittens: Um glücklich zu sein, reicht es nicht aus zu denken, man wäre glücklich. Ein Mensch, der sich zum Beispiel ständig mit Drogen „berauscht", ist kein glücklicher Mensch, auch wenn er sich das einbildet. Es gibt auch überprüfbare Kriterien, die entscheidend darüber sind, ob man sich in einem Zustand des Glücks befindet oder nicht: Das Streben nach Glückseligkeit muss verstandesmäßig stattfinden. Denn, so Aristoteles, die Vernunft, der Verstand, ist ein unentbehrlicher Teil unserer menschlichen Natur. Als menschliches Wesen zu gedeihen, zu erblühen, bedeutet nicht, wie ein seelenloses Wesen oder wie ein Hund zu gedeihen, sondern als verstandesmäßig denkender Mensch.

Aristoteles führt verschiedene weitere Aspekte der Eudaimonie an, wie z. B. Freunde zu besitzen, eine gute Familie, Glück - ohne diese ist es schwierig, zu gedeihen. Aber der vielleicht interessanteste Aspekt ist, dass Eudaimonia mit Ethik einhergeht. Um im Sinne von Eudaimonie zu gedeihen, muss man ein tugendhafter Mensch sein, unerschrocken, großzügig, rechtschaffen usw.

An dieser Stelle beginnt Aristoteles seine berühmte Debatte über das Wesen der Tugendhaftigkeit. Er schließt damit ab, dass Tugend eine Ausprägung ist, die wie eine weitere Eigenschaft mittels Übung erworben werden kann. Außerdem befindet sich Tugend meist in der Mitte zwischen Extremen: Unerschrockenheit liegt zwischen Feigheit und Leichtsinn, Großzügigkeit zwischen Verschwendung und Geiz, usw.

Zusammenfassend lässt sich feststellen, Glückseligkeit besteht für Aristoteles während des ganzen Lebens in einem verstandesmäßigen Handeln im Einklang mit Tugendhaftigkeit.

Einige **Schlüsselbegriffe** zum Nachdenken:

Kontemplation

Aristoteles' Ansicht von Tugendhaftigkeit und Eudaimonie ist vielschichtig, aber für unseren Zweck der individuellen Kontemplation sind die oben genannten thematischen Gegenstände genügend. Konzentrieren wir uns auf die wichtigsten Begriffskonzepte, auf die wir gestoßen sind, wie Gedeihen, Tugendhaftigkeit und Vernunft und überlegen wir, wie sie miteinander in Verbindung stehen.

1. Text- Kontemplation

Denken wir über unsere eigenen Lebenserfahrungen nach und setzen wir uns damit auseinander, in welcher Verbindung meine Eudaimonie oder mein Glück mit meinen ethischen Tugenden steht. Ist es nach unserer eigenen Erfahrung möglich, sich unethisch zu verhalten, aber gleichzeitig glücklich zu sein und umgekehrt, sich ethisch stringent zu verhalten, aber unglücklich zu sein? Wir behalten diese Frage im Hinterkopf, während des ruhigen und langsamen Lesens der folgenden Auszüge aus Aristoteles' Nikomachischer Ethik und lassen die Worte in uns wirken:[12]

> *[Das] Endziel schlechthin und als schlechthin vollendet, was allezeit seinetwegen und niemals eines anderen wegen gewollt wird. Eine solche Beschaffenheit scheint aber vor allem die Glückseligkeit zu besitzen.*
>
> *...*
>
> *Bei der Menge freilich steht das Lustgewährende miteinander im Widerspruch, weil es diese Eigenschaft nicht von Natur hat, dagegen gewährt den Liebhabern des sittlich Guten dasjenige Lust, was sie von Natur gewährt.*

> Diese Eigenschaft haben aber die tugendgemäßen Handlungen, und so müssen dieselben gleichzeitig für den Tugendhaften und an sich mit Lust verbunden sein. Daher bedarf auch sein Leben der Lust nicht wie einer äußeren Zugabe, sondern es hat dieselbe schon in sich.
> Ist dem aber so, dann müssen die tugendgemäßen Handlungen an sich genussreich, überdies aber auch gut und schön sein, und zwar dieses alles im höchsten Masse, wenn anders der Tugendhafte richtig über sie urteilt. Das tut er aber wie gesagt. Und somit ist die Glückseligkeit das Beste, Schönste und Genussreichste zugleich.

2. Visuelle Kontemplation

Unter dem Eindruck von Aristoteles' Anschauung von Eudaimonie und Tugendhaftigkeit, wenden wir uns der Betrachtung der Zeichnung in diesem Kapitel zu und nehmen sie in uns auf, lassen sie zu uns "sprechen". Was verdeutlicht die Zeichnung in Bezug auf diese beiden Ideen?

3. Thema-Kontemplation

Aristoteles' Verständnis von "Eudaimonie" vereint verschiedene Elemente: ein subjektives Empfinden des Wohlgefühls, Beständigkeit über einen bestimmten Zeitraum, Gedeihen, Vernunft, ethische Tugendhaftigkeit. Man könnte sich fragen: Wie stehen diese Elemente miteinander in Verbindung im Sinne des Verständnisses der Eudaimonie, und was ist das „Bindemittel" Ihres Zusammenhaltes? Wie sollten wir uns das gemeinsame Wesen von Eudaimonie vorstellen?

Die Saat der Kontemplation

Um diese Fragestellung kontemplativ anzugehen, können die folgenden Ideen als Ausgangspunkt dienen:

a) Das Bild eines ***Baumes, der gedeiht***: Ich bin ein Baum, der daran arbeitet, seine Wurzeln, seine Äste, seine Blätter, seine Früchte gedeihen zu lassen. Wachsen geschieht nicht von selbst, ich muss mich mit Sorgfalt und Geduld pflegen, um mein ganzes Wesen als Baum hervorzubringen. Die Entwicklung meiner natürlichen Fähigkeiten als Baum, wie die Entwicklung unserer menschlichen Vernunft und Tugend, gibt mir ein Gefühl von Glück und Wohlbefinden..

b) Das Bild **des Tänzers**: Für Aristoteles ist die Tugendhaftigkeit eine herausragende Eigenschaft des Charakters und als solche geht es nicht nur darum, wie man fühlt oder denkt, sondern vor allem darum, wie man sich in der Welt verhält. Dies kann mit Tanzen verglichen werden: Zu einem hervorragenden Tänzer kann man werden, wenn man seine Perfektion auf der Bühne zum Ausdruck bringen kann. Man muss wissen, wie man sich mit Anmut bewegt, wie man die Konzentration bündelt und Balance hält, wie man sich präzise bewegt. Und wenn man den Tanz des Lebens gemeistert hat, tut man es mit Freude. Das ist die Glückseligkeit des Tanzens.

c) Das Konzept **meine Menschennatur zu feiern**: Ich blühe auf mit Eudaimonie, wenn ich meine höchsten menschlichen Möglichkeiten ausschöpfe. Das sind nicht die oberflächlichen Freuden des Trinkens oder der Spaß einer wilden Party, sondern die vollendete Freude, das höchste Ausmaß meines Menschseins zu feiern - meine Integrität, meine Vernunft, meine Tugenden.

TEIL C

DIE HELLENISTISCHEN PHILOSOPHEN

Nach dem Tod von Aristoteles und Alexander dem Großen im 4. Jahrhundert v. Chr. wurde Griechenland Teil größerer Imperien und schließlich im ersten Jahrhundert n. Chr. Teil des Römischen Reiches. Die gewöhnlichen Menschen lebten nicht mehr in ihrem eigenen Stadtstaat und hatten wenig politischen Einfluss auf ihre Gesellschaft und ihre Stadt. Die Philosophien nach Aristoteles betrachteten die Welt oft als befremdlich, und sie empfahlen den Rückzug in die eigene innere Welt oder das Engagement in der Gesellschaft auf ein Minimum zu reduzieren. Zusammengenommen werden diese Ausrichtungen Hellenistische Philosophie genannt und sie überdauerten bis zum Vorstoß des Christentums und dem Niedergang des römischen Reiches Ende des 4. Jahrhundert n. Chr.

Obwohl Griechenland seine Unabhängigkeit verlor und nun in größere Herrschaftsgebiete integriert war, übte die griechische Kultur einen beträchtlichen Einfluss auf viele Kulturkreise rund um den Mittelmeerraum und bis nach Zentralasien aus. Zu dieser Zeit blühten einige bedeutende philosophische Schulen auf, die Generationen oder Jahrhunderte überdauerten, insbesondere der Epikureismus, der Stoizismus, der Neuplatonismus, der Skeptizismus, die peripatetische Schule, der Kyrenaismus und der Kynismus. In den folgenden Kapiteln werden wir uns auf die ersten vier konzentrieren.

Kapitel 11

Epikur - Wahre und falsche Bedürfnisse

Einführung

Epikur (341-270 v. Chr.) war ein griechischer Philosoph, der den so genannten Epikureismus ins Leben gerufen hat, eine wichtige Denkschule im hellenistischen Zeitalter. Im Alter von circa 30 Jahren, kaufte er ein Haus mit Garten außerhalb Athens, in dem er und seine Anhänger beschauliche Zeit miteinander verbrachten und Gespräche führten. Dies war der legendäre „Garten Epikurs".

Epikur stellte sich die Welt als aus organischen Eigenschaften aufgebaut vor, ähnlich dem Denken der modernen Wissenschaft. Er glaubte, dass die Natur aus Atomen geschaffen sei, dass es keine Seele gebe und dass der Tod das Ende unserer Existenz sei. Berühmt wurde er für seine Lehre, die besagt, dass das Ziel des Lebens das sei, was er „Vergnügen" nannte. Er meinte damit einen friedlichen Geisteszustand, frei von jeder Art von Leiden, wie unter anderem Furcht, Erregung und Enttäuschung. Mit einem solchen Lebensstil vermeiden wir maßlose Begierden und befriedigen unsere Grundbedürfnisse, wie einfaches Essen und Kleidung, Freundschaft, Gespräche und gemeinsames Philosophieren. Die Philosophie von Epikur hat viele Denker über die Jahrhunderte hinweg beeinflusst.

Reflektion: Was ist ein tatsächliches Bedürfnis?

„Ich brauche ein neues Auto!", sagt ein Ehemann zu seiner Frau.

„Du meinst, du wünschst dir ein neues Auto - du brauchst es nicht wirklich. Unser altes Auto ist völlig in Ordnung."

„Aber kannst du dir die Bewunderung der Nachbarn vorstellen, wenn sie uns mit einem neuen roten Sportwagen sehen?"

„Das ist kein Bedürfnis, das ist eine Laune!"

Dieser kleine Dialog zeigt, dass das, was man meint zu benötigen, nicht notwendigerweise das ist, was man wirklich braucht. Denken wir an die vielen Dinge, die wir im Alltag anstreben oder begehren - neue schicke Kleidung und Schmuck, Restaurants und Partys, Reisen, Geld und Macht. „Brauchen" wir wirklich all diese Dinge?

Allgemeiner ausgedrückt: Was zählt zu einem echten Bedürfnis im Gegensatz zu einem eingebildeten oder falschen Bedürfnis? Dies ist die Frage, die Epikur aufgeworfen hat und die er als unverzichtbar für ein glückliches Leben betrachtete. Die Schwierigkeit bei der Beantwortung dieser Frage besteht nach Epikurs Ansicht darin, dass die meisten Menschen nicht erkennen, was sie wirklich benötigen. Die Aufgabe der Philosophie ist es dabei zu helfen, die Antwort herauszufinden.

Epikurs Antwort: Wirkliche Bedürfnisse dienen dem „Vergnügen"

Die Antwort von Epikur lautet: Ein Wunsch drückt ein wahres Bedürfnis aus, wenn er dem Erreichen dessen dient, was im Leben wertvoll ist. Falsche Bedürfnisse sind Wünsche, die nicht dazu beitragen, sondern dies sogar behindern können.

Was ist nun also wertvoll im Leben?

Nach Epikurs Ansicht ist die wertvollste Ebene des Lebens das Vergnügen. Ein gutes Leben ist ein vergnügliches Leben. Mit „Vergnügen" meint er jedoch nicht wilde Partys mit Wein und Leidenschaft (wie ihm seine Gegner vorwarfen), denn er definiert Vergnügen als die Abwesenheit von Schmerz. Ein gutes Leben ist also ein friedvolles Leben, frei von Leid, Schmerz und unmäßiger Erregung. Es unterliegt Vernunft und Mäßigung und vermeidet alles, was Erregung und Leid verursachen könnte, wie die Jagd nach Erfolg und Geld, die Begierde nach schicken Kleidern und Speisen, Lust und Zügellosigkeit.

Was sind die Bedürfnisse, die ein solches Leben begünstigen? Ein Minimum an Komfort und Sicherheit. Alles, was über dieses Minimum hinausgeht, ist unmäßig. Man braucht berechtigterweise einen Ort zum Wohnen, etwas an Kleidung zum Anziehen, genug zu essen, um nicht Hunger zu leiden, aber sonst nicht viel mehr. Einfaches Essen, Kleidung und eine Unterkunft reichen aus - jeglicher Luxus wäre überflüssig und somit verheerend für unser Wohlbefinden. Außerdem sollte man im Verlauf des Tages eine angenehme Tätigkeit verüben, was für Epikur vor allem Freunde bedeutet, die einem Gesellschaft leisten, um mit ihnen philosophische Gespräche zu führen.

Die meisten Menschen wollen jedoch mehr. Sie wollen reich oder erfolgreich sein, teure Kleidung tragen, viele Dinge besitzen, Spaß und Abenteuer haben. Sie werden von falschen Bedürfnissen getrieben, die nicht zu einem friedvollen angenehmen Leben beitragen, das so wertvoll ist. Philosophie kann ihnen ihren Denkfehler aufzeigen.

Einige **Schlüsselbegriffe** *zum Nachdenken:*

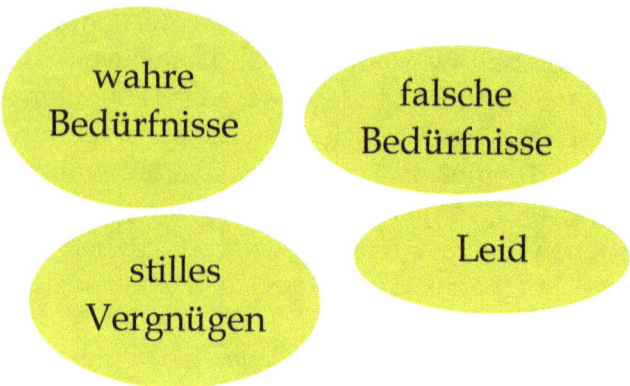

Kontemplation

Die Ideen von Epikur sind eine Herausforderung, eine Kampfansage an die Kultur des Konsums und die Jagd nach Erfolg, die von der heutigen Gesellschaft bestärkt werden und an denen sich die meisten von uns auf die eine oder andere Weise beteiligen. Wir wollen über die Alternative nachdenken, die er vorschlägt: Stellen wir uns vor, uns wäre die Möglichkeit gegeben, mit unseren Freunden in einem ruhigen Haus zurückgezogen zu leben, wie in Epikurs Garten, ohne für unseren Lebensunterhalt arbeiten zu müssen, vorausgesetzt wir führten ein einfaches und friedvolles epikureisches Leben. Wie würde es für uns sein, eine Zeit lang so einfach und angenehm zu leben? Und welche Eigenschaften oder Feinfühligkeit müssten wir in uns selbst entwickeln, um uns in dieser Art von Lebensstil zu entfalten?

1. Text- Kontemplation

Lesen wir langsam und aufmerksam den folgenden Text, der die epikureische Lebensweise beschreibt. Versuchen wir, uns in diese Lebensweise hineinzuversetzen und die innere Einstellung zu spüren, die dafür erforderlich ist. Der Text ist Epikurs „Brief an Menoëceus" entnommen:[13]

> *Liegt doch allen unseren Handlungen die Absicht zugrunde weder Schmerz zu empfinden noch außer Fassung zu geraten. Haben wir es aber einmal dahingebracht, dann glätten sich die Wogen; es legt sich jeder Seelensturm, denn der Mensch braucht sich dann nicht mehr umzusehen nach etwas was ihm noch mangelt, braucht nicht mehr zu suchen nach etwas anderem, das dem Wohlbefinden seiner Seele und seines Körpers zur Vollendung verhilft. … Eben darum ist die Lust wie wir behaupten, Anfang und Ende des glückseligen Lebens.*
>
> *…*
>
> *Alles Naturgemäße [ist] leicht zu beschaffen, das Eitle aber schwer zu beschaffen. ist. Denn eine bescheidene Mahlzeit bietet den gleichen Genuss wie eine prunkvolle Tafel, wenn nur erst das schmerzhafte Hungergefühl beseitigt ist. Und Brot und Wasser gewähren den größten Genuss, wenn wirkliches Bedürfnis der Grund ist sie zu sich zu nehmen. Die Gewöhnung also an eine einfache und nicht kostspielige Lebensweise ist uns nicht nur die Bürgschaft für volle Gesundheit, sondern sie macht den Menschen auch unverdrossen zur Erfüllung der notwendigen Anforderungen des Lebens…*

2. Visuelle Kontemplation

Unter Berücksichtigung des Konzeptes „falsche Bedürfnisse", „wahre Bedürfnisse" und des „epikureisches Vergnügen" betrachten wir langsam diese Zeichnung und versuchen herauszulesen, was sie uns mitteilt.

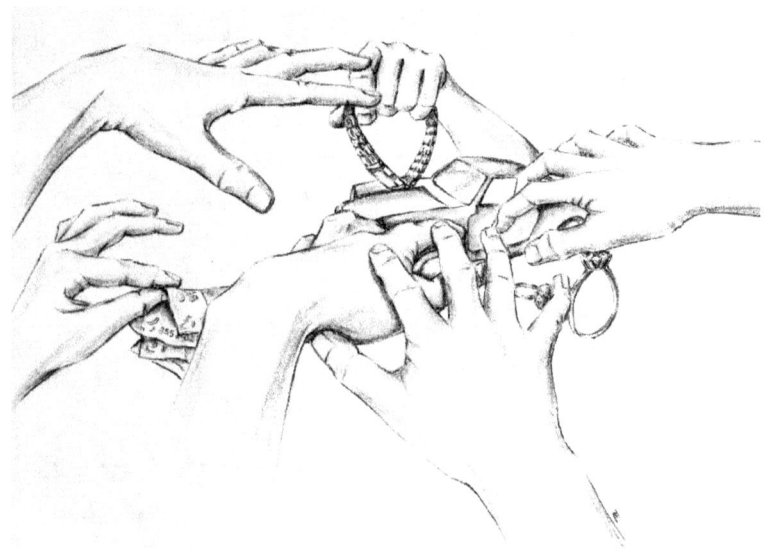

3. Thema-Kontemplation

Unabhängig davon, ob wir Epikurs Thema von „Vergnügen" zustimmen oder nicht, können wir uns dennoch fragen, ob unsere Wünsche wahre oder falsche Bedürfnisse ausdrücken. Ganz gleich, ob für uns Spaß, Weisheit, Liebe oder etwas anderes Wertschätzung hat oder eine Kombination aus mehreren Dingen, können wir uns fragen, ob unsere Wünsche uns darin unterstützen, diesen Werten nah zu kommen.

Überlegen wir einmal, wie viel Zeit wir mit unserem Smartphone verbringen, wie viel wir tratschen oder wie viele Überstunden wir machen, um zusätzliches Geld zu verdienen - sind all diese Dinge notwendig? Denken wir an die Energie, die wir aufwenden, um bei anderen einen guten Eindruck zu hinterlassen, oder dem Arbeiten an unwichtigen Projekten. Denken wir an das Geld, das wir für unnötigen Schnickschnack ausgeben, alte Gegenstände durch neue ersetzen oder in Restaurants gehen. Wir werden wahrscheinlich feststellen, dass viele dieser Dinge nicht zu dem führen, was wir als besonders wertvoll empfinden. Offensichtlich verschwenden wir viel Zeit und Mittel für falsche Bedürfnisse.

Daher die Frage, über die wir kontemplativ nachdenken sollten: Was sagt unsere Fixierung auf falsche Bedürfnissen - mit anderen Worten, auf nicht grundlegende Wünsche - über unser menschliches Wesen aus? Um es konkret auszudrücken, stellen wir uns vor, eine Gruppe von Außerirdischen käme auf die Erde, um die Menschheit zu beobachten, und sie würde unsere Fixierung auf luxuriöse und unnötige Wünsche bemerken. Welche Rückschlüsse würden Sie über das menschliche Wesen ziehen?

Die Saat der Kontemplation

Um über diese Frage kontemplativ nachzudenken, können die folgenden „Keimlinge" helfen Gedankenanstöße zu geben:

a) Die Metapher des ***psychologisch Gefangenen***: Wir werden von unseren psychologischen Denk- und Verhaltensmustern bestimmt, die unsere Aufmerksamkeit von unseren wahren Bedürfnissen abbringen. Unsere psychologischen Mechanismen bringen uns dazu, immer mehr zu wollen, während sie uns von wichtigen Dingen ablenken. Folglich sind wir Gefangene automatischer

Kräfte, die unseren Verstand beherrschen und oft verlieren wir das Gespür für unsere wahren Bedürfnisse.

b) Die Metapher der **Agavenpflanze**: Wir Menschen sind wie die Agavenpflanze, die alle paar Jahre einmal blüht. Wir können nicht ständig wunderbare Blüten hervorbringen, wir können nicht unablässig unseren wahren Bedürfnissen folgen. Das Leben ist vielschichtig und erfordert viele Dinge - einschließlich Entspannung, gedankenlose Besorgungen, alberne Vergnügungen, gesellschaftliche Veranstaltungen. Doch solange wir es schaffen, uns hin und wieder entsprechend unseren wahren Bedürfnissen zu verhalten, vielleicht einmal am Tag oder nur einmal die Woche, dann ist unser Leben erfüllt, so wie eine einzige seltene Agavenblüte das ganze Leben der Pflanze erfüllt.

c) Das Konzept der **Wichtigkeit von Spaß und Abenteuer**: Die Tatsache, dass Menschen Spaß und Abenteuer suchen zeigt, Epikurs Ansichten widersprechend, dass dies wichtige Bedingungen im menschlichen Leben sind. Das Essen ausgefallener Speisen, wilde Partys, lustige Fernsehsendungen, der Kauf schicker Kleidung und teuren Schmucks - all dies trägt offensichtlich zur Lebensqualität bei. Und wenn dem so ist, dann gibt es keinen Grund, mich diesen Dingen zu entsagen und meinen Wunsch nach ihnen mit speziellen epikureischen Übungen zu unterdrücken. Meine Begierden sind gesund und wichtig so wie sie sind.

Kapitel 12

DIE STOIKER - MEIN WAHRES SELBST

Einführung

Der Stoizismus war ein bedeutendes hellenistisches Lehrgebäude der Philosophie, die vom 3. Jahrhundert v. Chr. bis zum mächtigen Aufstieg des Christentums im 4. nachchristlichen Jahrhundert blühte. Zu ihm gehörten verschiedene einflussreiche Denker, darunter Seneca (4 v. Chr.- 65 n. Chr.), Epictetus (50-135 n. Chr.) und Marcus Aurelius (121- 180 n. Chr.).

Die stoische Philosophie umfasste viele Wissenszweige, ihren größten Einfluss und ihren Ruhm huldigt sie jedoch ihrer Vision dessen, wie das Leben zu leben sei. Für die Stoiker wird alles, was in der Welt geschieht, bestimmt durch das universelle Vernunftprinzip, den Logos. Die menschliche Seele ist der einzige Ort, dem Freiheit innewohnt. Gewöhnlicherweise wenden wir unsere Freiheit jedoch nicht an, weil wir uns von psychologischen Zwängen wie Begierden, Leidenschaften und Vorlieben beherrschen lassen. Infolgedessen sind wir oft frustriert, aufgebracht oder aufgeregt.

> Das Ziel der Stoiker war es, innere Freiheit von diesen psychologischen Zwängen zu erlangen und Seelenruhe und Gelassenheit gegenüber dem zu wahren, was uns widerfährt. Um dies zu erreichen, so glauben die Stoiker, müssen wir unsere innere Mitte stärken, d. h. das durch Denken bestimmte geistige Vermögen in uns. Wenn wir aus diesem inneren Vermögen heraus handeln, tun wir das verstandesmäßig, sind frei und im Einklang mit dem universellen Vernunftprinzip, welches das Universum bestimmt.

Reflektion: Was ist mein wahres Selbst?

Im täglichen Leben sprechen wir von „mir" oder „ich" in verschiedenen Zusammenhängen. Im weitesten Sinne umfasst das „Ich" meinen Körper (wenn ich zum Beispiel sage: „Ich sitze am Tisch" oder „Ich bin groß"), meine Arbeit („Ich bin Lehrer") und auch meinen Besitz („Ich bin Landbesitzer"). Aus Sicht der Stoiker ist dies jedoch eine ungenaue Ausdrucksweise, denn was mich ausmacht, ist meine einzigartige Beschaffenheit als Mensch, also mein inneres Wesen und nicht mein Körper oder meine körperlichen Aktivitäten, wie Tiere sie auch haben.

In einem engeren Sinne bin ich mein psychologisches Selbst - meine Gefühle und Gedanken, meine Absichten, Ängste und Hoffnungen. Aber aus Sicht der Stoiker ist auch dieses Begriffsverständnis zu weit gefasst, da es Bereiche einschließt, die nicht auf meinem eigenen Handeln beruhen - sie erwachsen aus automatischen Angewohnheiten oder Reaktionen („Ich hatte Angst" oder „Ich war eifersüchtig"), und einige von ihnen entziehen sich meiner Kontrolle („Mein Fuß tut weh").

Für die Stoiker ist das, was nicht unter meiner vollständigen Kontrolle liegt, nicht wirklich meins. Es stellt mich nicht dar als freien und vernunftbezogen Handelnden, mit dem, was meine einzigartige Eigenschaft als menschliches Wesen ausmacht. Was unkontrollierbar ist, geschieht mit mir, aber es ist nicht wirklich ich. Das wahre Selbst muss eine Quelle des freien Denkens und Handelns sein. Aber was ist dieses wahre Selbst?

Die Antwort der Stoiker: Mein leitendes Prinzip

Den Stoikern zufolge ist die Welt ein Kosmos - ein harmonisches Ganzes, in dem jedes Detail genau so ist, wie es sein sollte, und alles sich entsprechend seiner Natur verhält: Der Baum wächst gemäß der Natur eines Baumes, und der Fluss fließt gemäß der Natur des Wassers. Wenn man als moderner Leser die Harmonie in der Welt nicht wahrnimmt, wenn man die Welt als unbarmherzig und unlogisch ansieht, dann hängt es damit zusammen, dass man sie aus einer begrenzten, ichbezogenen Perspektive betrachtet. Wir sind wie eine kleine Ameise, die sich über ihre harte Arbeit beklagt. Aber aus der umfassenden Sicht eines Biologen ist das Leben eines Ameisenhaufens einschließlich seiner Anforderungen und Unglücke, ein wunderbares Stück natürlicher Harmonie. Das Gleiche gilt für einen Menschen. Unser eigenes Leben mag überschattet sein von Krankheit und Schicksalsschlägen, aber auch das ist Teil der kosmischen Gesamtharmonie.

So geschieht im stoischen Kosmos alles genau so, wie es sein soll, gemäß dem dort herrschenden universellen Vernunftprinzip, dem Logos. Unsere Umgebung, unser Körper, unsere Psyche - all das geschieht aus der Erforderlichkeit heraus, ohne Raum für Zufälle oder Freiheit.

Innerhalb dieses kosmischen Ozeans der Erforderlichkeiten gibt es dennoch eine winzige Blase der Freiheit in der menschlichen Seele eines jeden. Unser wahres Selbst ist diese Blase der Freiheit und es steht uns frei, sie zu fördern oder sie zu missbrauchen. Die Stoiker nannten es den „Daimon" oder das „Leitprinzip" oder die „beherrschende Macht", um aufzuzeigen, dass es die Macht hat, unser Handeln und unser Leben zu lenken.

Dieses wahre Selbst in uns kann freie Entscheidungen treffen, auch wenn die Ergebnisse dieser Entscheidungen nicht immer vorhersehbar sind, aufgrund äußerer Umstände, die sich unserer Kontrolle entziehen, wie Unfälle, Krankheit und das Verhalten anderer, Obwohl wir nicht frei sind, die äußeren Umstände zu bestimmen, haben wir doch die Möglichkeit unsere inneren Reaktionen auf diese Umstände zu kontrollieren. Wir können zum Beispiel einen Autounfall nicht vermeiden, aber in dem Moment, wenn er passiert, haben wir die freie Entscheidung, wie wir darauf reagieren: mit Wut und Verärgerung oder ruhig und friedvoll. Genau das ist das Ziel der stoischen Lebensweise - das wahre Selbst in uns zu erwecken und dementsprechend verstandesmäßig, frei und unaufgeregt zu handeln.

Einige **Schlüsselbegriffe** *zum Nachdenken:*

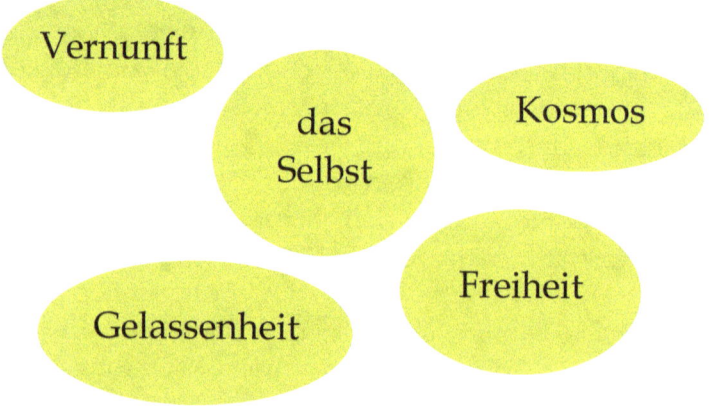

Kontemplation

Die Stoiker hatten erkannt, dass unser wahres Selbst, unser Leitprinzip, oft von mächtigen psychologischen Mechanismen überwältigt wird: unseren automatischen Wünschen und Erwartungen, unserem Sicherheitsbedürfnis und unserer Bequemlichkeit und so weiter. Daher müssen wir unser Selbst ständig trainieren und stärken, wenn wir es von diesen psychologischen Mechanismen befreien wollen. Die Stoiker haben eine Vielzahl solcher Übungen entwickelt, z.B. sich regelmäßig zu ermahnen sich entsprechend zu verhalten, seinen Platz in der Ordnung des Kosmos zu erkennen und auszufüllen, sich auf mögliches Unheil vorzubereiten und ähnliche Übungen.

Selbst mit diesen Übungen ist es jedoch ersichtlich, dass wir in bestimmten Momenten unseres Lebens mehr oder weniger auf unseren inneren Mittelpunkt ausgerichtet sind, mehr oder weniger frei von Wünschen und Ängsten, mehr oder weniger in Besitz unserer inneren Freiheit. Stellen wir uns die folgenden Fragen zur gedanklichen Kontemplation: Was bedeutet es, mit meiner inneren Mitte (oder meinem leitenden Prinzip) verbunden zu sein? Was genau beschreibt diesen Zustand des Verbundenseins? Und wie kann ich ihn fördern?

1. *Text-Kontemplation*

Lesen wir den folgenden Text behutsam durch und lassen wir die Worte und Bilder in unserem Kopf gleiten wie Wolken am Himmel, ohne zu versuchen, ihnen unsere Meinung oder Schlussfolgerungen aufzudrängen. Diese Übung wird „losgelöst gleitende Kontemplation" genannt. Versuchen wir in unserer Vorstellung zu erspüren, wie sich unser innerer „Daimon" anfühlt und achten wir auf neue sich in unserem Kopf bildende Einsichten.

Wir werden hier einige Fragmente aus den Meditationen - Selbstbetrachtungen verwenden, einem einflussreichen Buch des stoischen Philosophen und römischen Kaisers Marcus Aurelius, in welchem er seine persönlichen Gedanken und Übungen entfaltete.[14]

Aus dem 2. Buch, Kapitel 17:

> *Alles was den Körper betrifft, ist ein Strom, was die Seele angeht, Traum und Dunst, das Leben ein Krieg und die Wanderung eines Fremdlings, der Nachruhm endlich Vergessenheit. Was kann nun dabei den Menschen sicher geleiten? Einzig und allein die Philosophie.*
>
> *Diese aber besteht darin, den Genius [Daimon] in seinem Innern unentweiht und unverletzt zu bewahren, erhaben über Lust und Unlust, sodass er nichts ohne Zweck, noch mit Trug und Verstellung tue ... zu allem dem aber mit gelassenem Sinne den Tod erwarte, der ja nichts anderes ist, als eine Auflösung in die Urstoffe, woraus jedes lebende Wesen zusammengesetzt ist.*

Aus dem 12. Buch, Kapitel 3:

> *Leib und Seele sind Dein nur soweit es Deine Pflicht ist für sie zu sorgen. Der Geist aber ist ganz eigentlich Dein. Doch nur, wenn Du ihn freizumachen weißt von allen Einflüssen der Außenwelt, des eigenen Leibes und der dem Leibe eingepflanzten Seele, sodass er ein Leben aus sich und für sich selber führt, vollbringend was die Gerechtigkeit bietet, wollend was das Schicksal auferlegt und wahr in seinen Reden, nur dann kannst Du die noch übrige Zeit ruhig und heiter leben und wirst treu bleiben Deinem Genius.*

2. Visuelle Kontemplation

Denken wir an unser eigenes leitendes Prinzip oder den Daimon in uns, frei von psychologischen Zwängen und aus welchem heraus freie Entscheidungen mit Seelenruhe und vernunftbezogen getroffen werden können. Betrachten wir in aller Stille die Zeichnung in diesem Kapitel und überlegen wir, was uns diese über uns und unsere Freiheit erzählt.

3. Thema-Kontemplation

Wenn die Stoiker Recht hatten, dass wir ein wahres Selbst besitzen, das uns dorthin lenken kann, frei, friedfertig und vernunftbezogen zu leben, wie können wir dieses dann praktizieren?

Die Saat der Kontemplation

Um über diese Frage kontemplativ nachzudenken, können wir mit einem der folgenden Keimlinge zur Kontemplation beginnen - als Basis zur Erschließung unserer eigenen Einsichten:

a) Das Konzept der **Willensschwäche**: Der Grund, warum ich oft den Bezug zu meinem wahren Selbst verliere, ist, dass ich schwach bin. Ich bin vielleicht lustlos oder faul, oder ich besitze nicht genügend Entschlusskraft, um zu meinem inneren Selbst zurückzukehren und mich ihm zu beugen. Um diesen Umstand zu bezwingen, sollte ich tagtäglich meine Willenskraft trainieren, so wie ich auch meinen Körper trainiere: Dafür sollte ich mir anspruchsvolle Aufgaben suchen und mich dazu verpflichten sie umzusetzen. Allmählich werde ich sie schwieriger und schwieriger gestalten, um so meine Willenskraft zu stärken.

b) Die Metapher des *Lernens, nach innen zu hören*: Mein wahres Selbst versucht immer wieder, mich zu einem angemessenen Leben hinzuführen, aber seine Stimme vernehme ich selten. Mein Kopf ist voll von Ablenkungen, und meine inneren Dissonanzen ersticken die Stimme meines wahren Selbst. Deshalb sollte ich mich darin üben, jeden Tag friedlich dazusitzen und in mich hinein auf die Stimme meines wahren Selbst zu lauschen.

c) Das Bild vom **Gärtner und dem jungen Baum**: Mein wahres Selbst ist empfindlich. Wie ein junger Baum reagiert es anfällig auf äußere Kräfte – den Wind, die Sonne und den Regen. Deshalb sollte ich es pflegen wie ein guter Gärtner, indem ich es schütze und sorgfältig hege. Das heißt, ich sollte mein wahres Selbst keinen schwierigen Bedingungen aussetzen, bis es wächst und reift und stärker wird. Bis dahin sollte ich es nur einfache Aufgaben erledigen lassen und es unterstützen und ermutigen.

Kapitel 13

NEUPLATONISMUS - DAS GÖTTLICHE IN MIR

Einführung

Der Neuplatonismus war eine bedeutende philosophische Schulrichtung, die in der Spätantike ihre Blütezeit erlebte. Die Neuplatoniker betrachteten sich selbst als Anhänger Platons (der mehrere Jahrhunderte zuvor gestorben war), gingen aber tatsächlich weit über seine Philosophie hinaus und führten neue Ideen mit ein. Ihr Einfluss auf die anschließende Philosophie, insbesondere im Mittelalter und in der Renaissance, war tiefgreifend. Der berühmteste und einflussreichste Neuplatoniker war der Philosoph Plotin (204-270 n. Chr.). Zu weiteren wichtigen Neuplatonikern zählen Plotins Schüler Porphyr (224-305 n. Chr.), Porphyrs Schüler Iamblichus (245-325 n. Chr.) und Proklos (412-485 n. Chr.).

Trotz der Unterschiedlichkeit zwischen den verschiedenen neuplatonischen Denkern sind für unseren Zweck zwei wesentliche Prinzipien besonders erwähnenswert, die den meisten von ihnen gemein ist: Erstens die Vorstellung, dass die Wirklichkeit auf mehreren verschiedenen Ebenen angeordnet ist, eine unter der anderen, von der meist wirklichen und geistigen Ebene an der Spitze bis hinunter zur niedrigsten, der materiellen Welt der Sinnesobjekte als unterste Stufe.

Die zweite festzuhaltende Vorstellung ist, dass unser Lebensziel als Menschen darin besteht, über die materielle Welt hinaus zu schreiten auf höhere Wirklichkeitsebenen und mit der höchstmöglichen eins zu werden.

Verschiedene Neuplatoniker hatten unterschiedliche Vorstellungen davon, wie man über die materielle Welt hinausreichen kann. Plotin hob die Meditation hervor, die philosophisch reflektive Betrachtungen und die Loslösung von der materiellen Sinneswelt. Porphyr stellte ein Leben der Tugendhaftigkeit und Reinheit heraus - zumindest zu Beginn der Reise. Andere wiederum fügten das Gebet zu den Göttern hinzu, die als vermittelnde Kräfte zwischen der materiellen Welt und der höchsten geistigen Ebene betrachtet wurden. Abgesehen von diesen Unterschieden haben alle neuplatonischen Philosophien eine „vertikale" Ausrichtung in dem Sinne, dass sie sich auf das Verhältnis von den höheren zu den niedrigeren Ebenen der Wirklichkeit konzentrieren.

Reflektion: Was ist das göttliche Element in mir?

In seiner Abhandlung „Über das Leben des Plotin" schrieb Porphyr über seinen großen Lehrer Plotin: „Denn es war sein Ziel, eins zu werden und sich zu nähern dem über alles erhabenen Gott. Er erreichte dies Ziel viermal während meines Aufenthaltes bei ihm..."[15]

In demselben Aufsatz berichtet Porphyr auch von Plotins letzten Worten vor seinem Tod: „Dich erwartete ich noch um zu versuchen, das Göttliche in mir zu dem Göttlichen im All hinaufzuführen..."[16]

Dies ist also das äußerste Streben der neuplatonischen Philosophie. Wir philosophieren nicht aus intellektueller Neugier, sondern aus einem tiefen Sehnen heraus, mit dem göttlichen Element in uns in Berührung zu kommen und es zu seiner göttlichen Quelle empor zu erheben.

Aber was bedeutet es, „den Gott in mir" oder „das göttliche Element in mir" zu finden?

Um diese Frage zu verfeinern, sollten wir uns daran entsinnen, dass für Plotin die Wirklichkeit in mehreren Ebenen gegliedert ist, von denen die vollkommenste und göttliche an der Spitze und die primitivste am unteren Ende steht. An der Spitze steht „das Eine" - die vollkommene Einheit, die jenseits aller Begriffskonzeption und Betrachtung steht und keine Unterteilung und keine Variation kennt. Zu unterst befindet sich die materielle Sinneswelt, die wir um uns herum wahrnehmen, die Welt von Körpern, Formen und Farben, Bewegung, Wachstum und Verfall. Zwischen der höchsten und der niedrigsten Ebene befinden sich zwei Zwischenebenen – der „Nous" (der überindividuelle Geist oder Intellekt) und die Seele, gleichwohl spätere Neuplatoniker weitere Ebenen hinzufügten. Jede Wirklichkeitsebene eröffnet sich aus der darüber befindlichen Wirklichkeit oder „entströmt" aus ihr, so dass „das Eine" die Quelle von allem ist.

Zusammenfassend lässt sich sagen, dass für Plotin die Reihe der Einströmungen wie folgt aussieht:

(1) Das Eine,

(2) Nous (der Intellekt, der aller Anfang der Existenz ist und der auch die Sphäre des intuitiven, rein geistigen Verstehens ist),

(3) Die Seele (die Seele des Kosmos, die auch die individuellen menschlichen Seelen enthält).

(4) Die materielle Welt, die gewöhnlich und niedrig ist.

Normalerweise leben wir auf der untersten Ebene - in der materiellen Welt. Wir definieren uns durch unseren Körper und wir tauchen in unsere materielle Umgebung der Sinneserlebnisse ein. Aber unser wahres Streben ist es, das göttliche Element in uns mit höheren Ebenen der Wirklichkeit zu verbinden und schlussendlich mit dem Einen.

Und nun können wir zu unserer Frage zurückkehren: Wenn ich als verkörpertes menschliches Wesen in der materiellen Sinneswelt lebe, was ist dann das göttliche Element in mir?

Die Neuplatonische Antwort: Meine göttliche Quelle

Für die Neuplatoniker ist das göttliche Eine weder ein „Ding" außerhalb von mir noch ein religiöser „Vater im Himmel". Es ist nicht jemand, der mich liebt oder mich beschützt oder meine Gebete erhört - es ist überhaupt keine „Wesensgestalt". Es ist vielmehr die ursprüngliche Ganzheit, die die Quelle aller Wirklichkeit ist, ähnlich wie Platons „Das Gute, das Wahre, das Schöne". Von dieser höchsten Ebene entströmt die Wirklichkeit auf immer tiefere Ebenen mittels einer Abfolge von Ausströmungen.

Ausströmen bedeutet nicht, dass eine Wirklichkeitsebene eine andere Ebene „erschafft", wie der biblische Gott die Welt erschuf. Es handelt sich nicht um einen Akt, der zu einem bestimmten Zeitpunkt stattfindet oder eine besondere Absicht oder Anstrengung erfordert. Ausströmung bedeutet vielmehr, dass eine Wirklichkeitsebene sich in einer niederen Wirklichkeit ausdrückt, so etwa, wie ein Objekt einen Schatten wirft, der weniger wirklich ist als das Original.

Das bedeutet, dass das göttliche Eine meine erhabenste Abstammung ist. In der Tat gibt es etwas Göttliches in mir, aber es ist weit von seiner Quelle entfernt und sozusagen in einem unbedeutenden, niederen „Schatten" gefangen. Unser menschliches Sehnen nach dem Göttlichen ist das Sehnen danach, das göttliche Element in uns zu finden und es zu seiner Quelle zurückzuführen.

Kontemplation

Wir wollen kontemplativ über die neuplatonische Anschauung nachdenken, über das erhabene, göttliche Element in mir. Was bedeutet es, dieses Element zu erfahren, und wie finde ich es? Wir können diese Thematik auf individueller Basis kontemplativ betrachten, indem wir die neuplatonischen Ansichten auf unsere eigene persönliche Erfahrung und unser Selbstverständnis übertragen und variieren.

1. Text- Kontemplation

In dem folgenden Auszug von Plotins Text beschreibt dieser seine eigene Erfahrung des Aufstiegs und Falls:[17]

Oft wenn ich aus dem Schlummer des Leibes zu mir selbst erwache und aus der Außenwelt heraustretend bei mir selber Einkehr halte, schaue ich eine wundersame Schönheit: ich glaube dann am festesten an meine Zugehörigkeit zu einer besseren und höheren Welt, wirke kräftig in mir das herrlichste Leben und bin mit der Gottheit eins geworden, ich bin dadurch, dass ich in sie hineinversetzt worden, zu jener Lebensenergie gelangt und habe mich über alles andere Intelligible emporgeschwungen.

Steige ich dann nach diesem Verweilen in der Gottheit zur Verstandestätigkeit aus der Vernunftanschauung herab, so frage ich mich, wie es zuging, dass ich jetzt herabsteige und dass überhaupt einmal meine Seele in den Körper eingetreten ist, obwohl sie doch das war als was sie sich trotz ihres Aufenthaltes im Körper, an und für sich betrachtet, offenbarte.

In einem späteren Absatz derselben Abhandlung beantwortet Plotin seine eigene Frage: Meine Seele fällt in die materielle Welt zurück, weil sie auch für den Umgang meines Körpers verantwortlich ist. Und wenn sie aus der „intellektuellen" Sphäre des geistlichen ganzheitlichen Verständnisses in den materiellen, diesseitigen Raum hinabsteigt, vergisst sie ihren wahren Ursprung:

Die Einzelseelen nun, besitzen das Vermögen die niedere Welt zu führen, ebenso wie ja das Licht nach oben hin an die Sonne gebunden ist und doch der unter ihm befindlichen Welt seine Dienstleistung nicht versagt.

> *Diese Einzelseelen nun müssen einerseits, solange sie vereint mit der Gesamtseele im Intelligiblen verharren frei von jedem Leid sein.*
> *Wenn sie dies nun längere Zeit hindurch tut, wobei sie das Ganze flieht und durch die vollzogene Unterscheidung sich von ihr entfernt, und nicht mehr auf das Intelligible blickt, so wird sie zum Teil. Dadurch wird sie vereinzelt und schwach und vielgeschäftig und blickt auf einen Teil, nachdem sie sich durch Abtrennung von dem Ganzen irgendeinem Teile hingegeben und allem Übrigen entflohen...*
> *Wendet sie sich dagegen zum Denken, so heißt es, sie löse sich aus den Fesseln und steige empor, sobald sie in Folge der Wiedererinnerung einen Ausgangspunkt für das Schauen des Seienden gewonnen hat. Sie hat nämlich immer trotz alledem einen gewissen überragenden Teil.*

2. Visuelle Kontemplation

Schauen wir uns behutsam die Zeichnung in diesem Kapitel an und versuchen wir auszumachen, was sie uns über die höhere Komponente in uns sagt.

3. Thema-Kontemplation

Selbst wenn uns das vielschichtige neuplatonische Weltbild fremd erscheint, mögen wir dem immer noch zustimmen, dass eine Komponente in uns erhaben, wahrer oder göttlicher ist als das Übrige von uns. Manchmal ist es einfacher, das göttliche, unantastbare Element in einer anderen Person zu erahnen und dem Vergleich könnte man entnehmen, dass auch wir ein solches Element in uns tragen.

Aber wenn dem so ist, wie kann ich diese göttliche Komponente entdecken und mich mit dieser zusammenbringen?

Die Saat der Kontemplation

Um auf diese Frage kontemplativ einzugehen, verwenden wir zum Einstieg in die Kontemplation einen der folgenden Keimlinge:

a) Das Bild der **klaren Linse**: Nur ein klarer Geist kann Licht aus erhabenen Quellen aufnehmen. Eine schmutzige Linse versperrt das Durchdringen des Lichtes und mein Geist ist zu „verunreinigt" durch Belanglosigkeiten, Habgier, Eifersucht, Wut und dergleichen. Ich muss daher meinen Geist von jedem Makel und Laster reinigen, bevor ich versuche, das Göttliche wahrzunehmen und mich mit ihm zusammenzubringen. Dies ist ein langer und schwieriger Weg.

b) Das Konzept des **philosophischen Rückbesinnens**: Das Wissen um meine göttliche Quelle ist in mir, aber ich habe es vergessen. Mein Geist ist zu sehr mit praktischen Dingen wie Gesprächen und täglichen Pflichten beschäftigt und hat vergessen, woher er kommt. Ich muss innehalten und mir die höheren Bereiche des Lebens in Erinnerung rufen. Wie Plotin erklärt, kann dies durch Philosophieren über die großen Fragen der Existenz geschehen. Philosophieren ist dann ein Anstoß darüber nachzudenken, wer wir sind und wohin wir gehören.

c) Das Bild vom **Erlernen der göttlichen Sprache**: Das Göttliche spricht in mir, aber mein Verstand kann es nicht verstehen. Das liegt daran, dass mein Verstand seine Sprache nicht kennt - er kann nur die Sprache des täglichen Lebens verstehen. Um die göttliche Stimme zu erfassen, muss ich mich dem Zuhören der Stimmen verschreiben, die in meinem Geist hervortreten. Anfänglich werde ich sie nicht verstehen, aber nach und nach werde ich ihre Sprache erlernen.

Kapitel 14

Die Skeptiker - Kann ich je sicher sein?

Einführung

Die philosophische Schulrichtung der Skeptiker wurde von dem griechischen Philosophen Pyrrhus im 4. bis 3. Jahrhundert v.Chr. gegründet und hatte ihre Blütezeit über mehrere Jahrhunderte hinweg neben anderen Schulen wie dem Stoizismus, Epikureismus und Neuplatonismus. Das Hauptziel der Skeptiker war es, Ataraxie zu erreichen, den Zustand der Ruhe und die Abwesenheit von Beeinträchtigungen. Dabei handelt es sich nicht nur um eine momentane Erfahrung, sondern um einen allgemeinen Geisteszustand, der durch wiederholte Übungen geschult werden muss. Für die Skeptiker sind unsere Überzeugungen oder Urteilsbildungen hauptsächlich dafür, dass wir verängstigt und sorgenschwer sind. Aus diesem Grund versuchten sie, diese auszusetzen und inneren Frieden zu erlangen. Folglich übten sie sich in skeptischem Denken gegenüber allen Auffassungen.

> In diesem Kapitel werden wir uns auf einen Philosophen konzentrieren, den Skeptiker Sextus Empiricus, der gegen Ende der hellenistischen Ära lebte, dem zweiten und dritten Jahrhundert nach Christus. Er war ebenfalls Mediziner und gehörte der medizinischen Schule des „Empirismus" an, weshalb er auch „Empiricus" genannt wird. Seine Schriften sind unsere Hauptquelle des Wissens über die antike Schule des Skeptizismus, doch über sein Leben ist fast nichts bekannt, nicht einmal wo und wann genau er gelebt hat.

Reflektion: Kann ich dem trauen, was ich zu wissen meine?

So viele Dinge, glaubt man zu wissen. Aller Wahrscheinlichkeit nach wissen wir unseren eigenen Namen und den Namen unserer Stadt, wir wissen welcher Wochentag heute ist, wir wissen, dass die Sonne gerade aufgeht, wir wissen, welchen Farbton unser Hund hat und so weiter. Der skeptische Philosoph würde uns jedoch fragen: Wie sicher sind wir uns dieser Dinge? Ist es nicht möglich, dass wir uns in ihnen täuschen? Es wäre denkbar, dass uns unser Erinnerungsvermögen trügt (heute ist eigentlich Dienstag, nicht Mittwoch), oder dass wir durcheinander sind (wir verwechseln das Straßenlicht mit der Sonne), dass wir einer überdrehten Vorstellungskraft unterliegen (unsere Liebe zu unserem Hund beeinflusst unsere entsprechende Wahrnehmung). Vielleicht leiden wir sogar an einer psychischen Störung oder wir werden von einer geheimen kriminellen Organisation manipuliert (unser wahrer Name wurde aus unserem Gehirn gelöscht und stattdessen ein falscher Name eingefügt).

Man könnte nun einwenden, dass dies höchst unwahrscheinlich wäre. „Die Wahrscheinlichkeit, mich zu irren ist sehr gering".

Das mag stimmen, könnte der Skeptiker entgegnen (dennoch, wie kann man sicher sein, dass die Wahrscheinlichkeit gering ist?), aber der Punkt ist vielmehr, dass man sich seinem Urteil nicht absolut sicher sein kann. Es ist denkbar - vielleicht nicht sehr wahrscheinlich, aber dennoch denkbar - dass man sich irrt.

Wenn man sich nicht absolut sicher ist, so der Skeptiker, dann weiß man es eben nicht wirklich. Man mag zwar mit Sicherheit wissen, was man denkt, aber man kann niemals mit Sicherheit sagen, ob die eigenen Überlegungen der Wahrheit entsprechen.

Wenn wir nun der Erkenntnis des Skeptikers zustimmen, was folgt daraus? Sollten wir konkret gesagt, den Glauben an unsere gewöhnlichen Meinungen in Bezug auf die Welt um uns herum einstellen?

Sextus Empiricus' Antwort: Aussetzen aller Meinungen

Sextus Empiricus, wie auch andere Skeptiker, argumentiert, dass unsere gefassten Meinungen über die Welt um uns herum nicht als Wissenskenntnis zählen können. Aber das, so sagt er, sei nicht unbedingt schlecht. Diese Überzeugungen sind der eigentliche Grund, warum wir beunruhigt sind. Wir sind sorgenvoll, weil wir glauben, nicht genug Geld zu verdienen oder weil wir glauben, dass unser Vorgesetzter uns ablehnend gegenübersteht oder weil wir zwischen zwei widersprüchlichen Überzeugungen hin- und hergerissen sind. Wenn wir also unsere Meinungen aufgeben und uns nicht mehr mit ihnen beschäftigen, werden wir Erleichterung und Frieden erlangen.

Genauer gesagt unterschieden die Skeptiker zwischen zwei Arten von Meinungen - jenen, die aus direkter Erfahrung rühren und jenen, die aus Urteilen resultieren. Was wir direkt erfahren (z. B. „Ich spüre jetzt Schmerzen"), kann nicht angezweifelt werden, da wir mit Sicherheit wissen, was wir fühlen. Aber unsere Urteilsbildung (z. B. „Hitze verursacht Kopfschmerzen") ist nicht unmissverständlich, da sie unter Umständen falsch sein kann und sollte unterbunden werden.

Durch die Enthaltung von Meinungen (Urteilsbildung) - eine Maßnahme, den die Skeptiker Epoché nannten – erlangen wir Seelenruhe, von Ihnen Ataraxie genannt. In diesem Zustand sind wir frei von jeglicher Besorgnis, da wir nichts mehr voraussetzen.

Um den Verstand zu überzeugen seine Meinungsbildung auszusetzen, erklärt Sextus Empiricus, entwickelten die Skeptiker eine Reihe von Gegenargumenten, um jeglichen Aussagen zu widersprechen und aufzuzeigen, dass das gegenteilige Argument genauso überzeugend sei. Zum Beispiel argumentierten die Skeptiker gegen das Urteil „Jetzt ist es heiß", dass es lediglich auf menschlichem Empfinden beruhe, aber für wärmeliebende Tiere sei das Empfinden jetzt kalt. Das bedeutet, dass diese Beurteilung nicht als objektiv wahr angenommen werden kann.

Einige **Schlüsselbegriffe** zum Nachdenken:

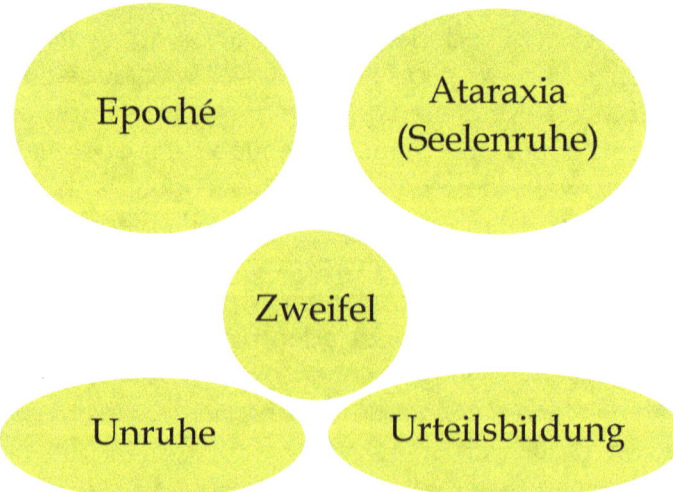

Kontemplation

Haben die Skeptiker Recht, dass Meinungsenthaltung zu Seelenfrieden führen kann?

Wir wollen über diese Frage auf eine zurückhaltende Art und Weise nachdenken. Betrachten wir nicht die Enthaltung aller unserer Überzeugungen, sondern nur einiger unserer Meinungen. Stellen wir uns die Situationen vor, in denen wir angespannt und sorgenvoll sind, uns alle möglichen Besorgnisse durch den Kopf gehen und unsere Eintracht stören. Stellen wir uns vor, wir besäßen eine Technik, mit der wir viele dieser Vorstellungen aus unserem Kopf verschwinden lassen könnten. Würde das dazu beitragen uns zu besänftigen? Und generell ausgedrückt, was würde die Aufhebung der Meinungsbildung für unseren Seelenzustand bedeuten?

1. Text-Kontemplation

Behalten wir die obigen Fragen im Kopf, während wir die folgenden Auszüge aus Sextus Empiricus' Buch *Pyrrhoneische Grundzüge* in Ruhe lesen.[18]

> *Denn sobald er [der Skeptiker] zu philosophieren begann, um über die Erscheinungsbilder zu entscheiden und zu erfassen, welche wahr wären, welche falsch, so dass er unbeirrt bliebe: stieß er auf den gleichkräftigen Widerspruch, den zu entscheiden er unfähig an sich hielt; sowie er aber an sich hielt, ergab sich ihm von ungefähr die Unbeirrtheit in den Dingen [Ataraxie], welche in den Bereich der Ansicht fallen.*

> *Denn wer die Ansicht hat, es sei etwas schön seiner Natur nach oder schlecht, der wird beständig beirrt; und zwar, wann das nicht bei ihm ist, was ihm schön zu sein scheint, so glaubt er, er werde von den von Natur schlechten Dingen gequält und geht den, wie er meint, guten nach; hat er aber diese erworben, so verfällt er in mehr Irrungen, weil er sich wider die Vernunft und maßlos überhebt; und aus Furcht vor dem Umschlag tut er alles, damit er nicht die ihm gut scheinenden Dinge verliere.*
>
> *Wer aber der Natur nach schönen oder schlechten Dinge sich bestimmungslos verhält, flieht weder noch sucht er etwas mit Anstrengung: deshalb bleibt er unbeirrt, in Ataraxie.*

2. Visuelle Kontemplation

Wie kann die Einstellung der Skeptiker in einer Zeichnung ausgedrückt werden? Wie lässt sich das „Ich weiß nicht" illustrativ auf Papier darstellen? Linien sind zwangsläufig mehr konkret und eindeutiger als das, was nicht zu wissen ist. Dennoch kann uns eine Zeichnung das Gefühl von Zweifelhaftigkeit vermitteln und dadurch aufzeigen, diese Einstellung nonverbal zu verstehen.

3. Thema-Kontemplation

Betrachten wir einmal, wie voll von Überlegungen und Meinungen unser Kopf normalerweise ist. Wenn wir viele von diesen loswerden oder sie zumindest in einen Ruheschlaf versetzen könnten, wären wir ein besserer Mensch und wäre unser Leben ein besseres? Oder anders gefragt: Ist das

Befreit sein von Überlegungen und Meinungen (oder zumindest von vielen von diesen) eine gute Sache, die wir anstreben sollten?

Die Saat der Kontemplation

Hier sind einige Keimlinge zur Kontemplation, die uns zu unserem kontemplativen Denken anregen können:

a) Das Bild eines **heiligen Tempels**: Bestimmte Formen von Glaubenssätzen sind offensichtlich zum Überleben notwendig: wo man Lebensmittel kaufen kann, auf welcher Straßenseite man fahren sollte, wo man lebt, usw. Aber über dieses Minimum hinaus neigt die Überflutung des Geistes mit vielen Überzeugungen und Meinungen dazu, diese herabzustufen und zu banalisieren. Pflegten wir eine kleine Anzahl von Meinungen oder Glaubenssätzen, würden wir feststellen, dass dies wunderbare Dinge sind, pretiös und die es zu würdigen gilt. Wir sollten unseren Kopf nicht als eine funktionierende Maschine betrachten, sondern als heiligen Tempel.

b) Das Prinzip eines **gesunden Geistes**: Genauso wie unser Körper trainiert werden muss, um gesund zu bleiben, so muss dies auch unser Geist. Einige Psychologen empfehlen uns, dass der Geist sich regelmäßig mit Denken beschäftigen sollte, weil sonst seine Fähigkeiten nachlassen. Ob dies richtig ist oder nicht, ist eine wissenschaftliche Frage. Philosophisch gesehen – dem Ansatz der Skeptiker widersprechend - geht es darum, dass es im Leben nicht darauf ankommt, eine sorgenfreie Ruhe zu erreichen, sondern eher einen aktiven, wissbegierigen, gesunden Geist zu entwickeln.

c) Das Konzept der **Tugend der Einfachheit**: Wenn man sich mit theoretischen Überlegungen und analytischen Untersuchungen beschäftigt, neigt man dazu, immer anspruchsvoller zu werden. Ein hoher Entwicklungsstand kann ein nützliches Instrument sein, um bestimmte sinnvolle Ziele zu erreichen, aber er verändert auch die Persönlichkeit. Je komplexer man selbst wird, desto mehr ändert sich unsere Einstellung anderen gegenüber und zum Leben und damit auch unsere Persönlichkeit. Wir werden berechnend, manipulierend und zielorientiert und wir verlieren den direkten Bezug zu unserem Leben und unserer Welt. Einfachheit ist daher eine moralische Tugend und um sie zu erreichen, sollten wir unseren Geist von übermäßigem Denken befreien.

VERZEICHNIS DER FUSSNOTEN

Um die Kontemplation zu erleichtern, wurden einige Zitate in diesem Buch leicht bearbeitet, insbesondere alte Schreibweise, Wortwahl und Satzstruktur.

1. Adaptiert nach Diels, Hermann: *Die Fragmente der Vorsokratiker*. Weidmannsche Buchhandlung, Berlin, 1903. Kap. 2, S. 16.
2. Adaptiert nach Diels, Hermann: *Die Fragmente der Vorsokratiker*. Weidmannsche Buchhandlung, Berlin, 1903. Kap. 12, S. 66 – 83.
3. Zitate 3 und 8: Adaptiert nach Diels, Hermann: *Die Fragmente der Vorsokratiker*. Weidmannsche Buchhandlung, Berlin, 1903. Kap. 18, S. 121, 128. Zitat 7.8: Adaptiert nach Diels, Hermann, Walther Kranz: *Die Fragmente der Vorsokratiker*. Neunte Auflage, Weidmannsche Verlagsbuchhandlung, Berlin, 1960. Kap. 18, S. 234-235.
4. Adaptiert nach Diels, Hermann: *Die Fragmente der Vorsokratiker*. Weidmannsche Buchhandlung, Berlin, 1903. Kap. 21, S. 187–190.
5. Adaptiert nach Diels, Hermann: *Die Fragmente der Vorsokratiker*. Weidmannsche Buchhandlung, Berlin, 1903. Kap. 46, S. 330-331.
6. Adaptiert nach Nestle, William: *Die Vorsokratiker*, Eugen Diederichs, Jena, 1908. S 165.
7. Aristoteles, *De Anima*, 1-2. Adaptiert nach Kirchmann, J.H.: *Aristoteles' drei Bücher über die Seele*, Verlag L. Heimann, Berlin, 1871. Buch 1, Kap. 2, S. 14-15.
8. Vom Übersetzer übersetzt aus dem Englischen: Diogenes Laertius, *The Lives and Opinions of Eminent Philosophers*, Book 9, Ch. 8. Adapted from translation by C.D. Yonge, London, Bell and Sons, 1915, pp. 399.

9. Adaptiert nach Diogenes Laertius: *Leben und Meinungen berühmter Philosophen*, Band 2, übersetzt von Apelt, Otto, Verlag von Felix Meiner, Leipzig 1921, Buch 9, Kap. 8, S. 158.

10. Adaptiert nach Platons Werke: Apologia Socratis, Des Socrates Verteidigungsrede, übersetzt von Schleiermacher, Friedrich E.D., 2. Auflage, Berlin 1818. S. 9-14.

11. Plato, *Symposium*, 211. Adaptiert nach *Symposium*, Das Gastmahl, übersetzt von Susemihl, Franz, Platon's Werke, Stuttgart, 1855.

12. Aristotle, *Nichomachische Ethik*, Buch 1, 7-8, 1097b, 1099a. Adaptiert nach Aristoteles: Nichomachische Ethik. Übersetzung Rolfes, E., Verlag Felix Meiner, Leipzig, 1911, zweite Auflage. S 13-19.

13. Adaptiert nach *Diogenes Laertius: Leben und Meinungen berühmter Philosophen*, Band 2, Übersetzung Apelt, O., Verlag Felix Meiner, Leipzig, 1921, Buch 10, S. 245-246.

14. Adaptiert nach Mark Aurel, *Mark Aurel's Selbstgespräche*. Übersetzung Cless, C. Verlag Wilhelm Rübling, Stuttgart, 1866. Buch zwei, Kap. 17, S. 21-22, und nach *Mark Aurel's Meditationen*. Übersetzt von Schneider, F.C. Verlag von Eduard Trewendt, Dresden, 1865, zweite Auflage. Buch 12, S. 147.

15. Adaptiert nach Mueller, H. F: *Lebensbeschreibung des Plotin von Porphyrius*. In: *Die Enneaden* des Plotin, Weidmannsche Buchhandlung, Berlin 1878, erster Band. S. 21.

16. Adaptiert nach Mueller, H. F: nach *Lebensbeschreibung des Plotin von Porphyrius*. In: *Die Enneaden* des Plotin, a.a.o. S. 4.

17. *Enneade 4*, Buch 8, Abschnitt 1 und 4 Adaptiert nach Mueller, H. F: *Die Enneaden* des Plotin, a.a.o., S. 127-128.

18. *Sextus Empiricus: Pyrrhoneische Grundzüge*. Adaptiert nach von Pappenheim, E, Philosophische Bibliothek, Band 89, 1877, Buch 1, Kap 12, S. 30-32.

www.ingramcontent.com/pod-product-compliance
Lightning Source LLC
Chambersburg PA
CBHW050325120526
44592CB00014B/2058